Angela Frischauf

Sexualität und Pornographie im Frauenbild der Gegenwartsliteratur

Diplomica® Verlag GmbH

Frischauf, Angela: Sexualität und Pornographie im Frauenbild der Gegenwartsliteratur, Hamburg, Diplomica Verlag GmbH 2009

ISBN: 978-3-8366-7720-2
Druck Diplomica® Verlag GmbH, Hamburg, 2009

Bibliografische Information der Deutschen Bibliothek
Die Deutsche Bibliothek verzeichnet diese Publikation in der Deutschen Nationalbibliografie;
detaillierte bibliografische Daten sind im Internet über
<http://dnb.ddb.de> abrufbar.

Die digitale Ausgabe (eBook-Ausgabe) dieses Titels trägt die ISBN 978-3-8366-2720-7
und kann über den Handel oder den Verlag bezogen werden.

Inhaltsverzeichnis

Anstatt eines Vorwortes

Innerhalb des Absoluten als Fick *(coitus sive natura)*, **sollte man, im Sinne der Unterscheidung von** *natura naturans* **und** *natura naturata,* **unterscheiden zwischen der aktiven fickenden Penetration und dem gefickten Objekt – es gibt die, die ficken, und die, die gefickt werden.** (Žižek, nach einem Zitat von Spinoza)

Trotzdem ein Vorwort

Das Vorhaben, als Frau über Pornographie zu schreiben, erschien mir anfangs zwar als interessant, aber doch als höchst schwierig. Die Pornographie ist bis heute ein von Männern dominiertes Genre. Es wagen sich zwar immer mehr Frauen in dieses Gebiet vor, doch viele begegnen der Pornographie mit Ekel und Abneigung. Sie sehen in ihr dann das perfekte Mittel zur Unterdrückung der Frau. Für zahlreiche Feministen/innen ist die Pornographie ein rotes Tuch, das die Erniedrigung und Ausbeutung der Frau schlechthin verkörpert. Diese Meinung kann und will ich nicht teilen. Für mich persönlich ist die Pornographie eine Gattung wie jede andere auch und verdient dementsprechend auch Beachtung und Akzeptanz. Niemand sollte dazu gezwungen werden, Pornographie zu konsumieren oder zu mögen, ebenso wie keiner dazu gezwungen werden sollte, Horrorfilme zu konsumieren, doch nichtsdestotrotz verdient die Pornographie ihre Daseinsberechtigung als Genre. Pornographie hat es in anderer Art und Weise als heute zu jeder Zeit gegeben. Die Einstellung zu Sexualität und Pornographie unterlag im Laufe der Zeit einem ständigen Wandel. Zeiten, in denen sie als Teil unserer Kultur akzeptiert wurde, wurden von Zeiten gefolgt, in denen sie verachtet wurde, in denen Menschen, die sie konsumierten und produzierten, verfolgt wurden, und umgekehrt. Gerade in der heutigen Zeit, in der oft betont wird, wie offen und liberal wir nicht mit brisanten Themen umgehen können, genießen Sexualität und Pornographie bei weitem nicht die Akzeptanz, die ihnen zustehen würde. Pornographie wird von sehr vielen Menschen konsumiert, doch keiner gesteht es ein, zu diesen dazuzugehören. Obwohl wir uns als liberale Gesellschaft sehen, werden die meisten von uns rot, wenn offen über Sexualität gesprochen werden soll. Die Pornographie ebenso wie die menschliche Sexualität hat noch einen weiten Weg vor sich, wenn sie wirklich ein Bestandteil unserer Kultur werden wollen.

1. Einleitung

1.1. Begriffserklärung „Pornographie"

Heutzutage kennt jeder den Begriff Pornographie und hat auch eine Vorstellung davon was er bedeutet. Pornographie stellt den Sexualakt zwischen zwei oder mehreren Menschen dar, wobei diese zumeist auf ihre Geschlechtsorgane reduziert werden. Ziel der Pornographie ist es den Betrachter sexuell zu erregen. Medien, die für die Darstellung von Bedeutung sind, sind Bücher, Zeitschriften, Bilder, Comics und natürlich Pornofilme.

Der Begriff Pornographie leitet sich aus dem altgriechischen ab:

„Pornographie" bedeutet wörtlich unzüchtige Darstellung; von griechisch pórne = Dirne, pornos = Hurer, auch Unzüchtiger, porneía = Unzucht und altgriechisch graphein = malen, schreiben, beschreiben.[1]

1.1.1. Begriffstrennung „Pornographie" und „Erotik"

Um die Trennung der Begriffe Pornographie und Erotik deutlich zu machen, möchte ich die beiden Begriffe zuerst durch Definitionen voneinander abgrenzen:

Definition Erotik:

vieldeutiger Begriff für i.w. S. alle geistigen und körperl. Erscheinungsformen der Liebe; auch Liebeskunst. Im eingeengten Sinn wird E. auch synonym zu Sexualität gebraucht, bedeutet jedoch meistens deren stilisierte Umsetzung in Sitten, Mode, Werbung und Kunst; ist somit Ausdrucksform zwischenmenschlicher Kommunikation.[2]

Definition Pornographie:

urspr. Die Beschreibung von Leben und Sitten der Prostituierten und ihrer Kunden, im Laufe der Jahrhunderte zum Begriff für die Darstellung sexueller Akte überhaupt verallgemeinert. Obwohl die Phantasien, die in P. erscheinen, überwiegend zeitloser Natur sind, gewann P. als sexuelles Phänomen und soziales Problem erst im Kontext der modernen, westl. Gesellschaft Bedeutung. Im Unterschied zu explizit sexuellen Darstellungen früherer Epochen und anderer Kulturen steht bei P. die Intention der sexuellen Reizwirkung im Vordergrund. Wäh-

---

[1] http://de.wikipedia.org/wiki/Pornographie, S. 1.
[2] Meyers großes Taschenlexikon. 24 Bände. Mannheim, Leipzig, Wien, Zürich: Meyers Lexikonredaktion, 4. Aufl. 1992., Bd. 6, S. 208.

rend sexualbezogene Darstellungen früherer Zeiten individuelle Werke einzelner Künstler und i. d. R. nur den jeweiligen Oberschichten zugänglich waren, hat sich P. seit dem 19. Jahrhundert zu einer Massenware entwickelt, die zu einem Bestandteil der allgemeinen Freizeit- und Unterhaltungskultur geworden ist. Die Wirkung von P., die Methoden ihrer Herstellung und Verbreitung wie die Art ihres Konsums wurden maßgeblich durch die Entwicklung der modernen Informationssysteme und Reproduktionstechniken (Buchdruck, Massenpresse, Photographie, audiovisuelle Medien) bestimmt. Durch die zunehmende Verlagerung des Konsums auf visuelle Massenmedien ist medial vermittelte P. im Verlauf der letzten Jahrzehnte zu einem signifikanten Phänomen des gesellschaftl. Austauschs über Sexualität geworden. Pornograph. Schriften u.a. derartige Darstellungen dürfen gemäß § 184 StGB nicht verbreitet werden, soweit es der Schutz Jugendlicher unter 18 Jahren verbietet.[3]

Ich würde die Begriffstrennung so ansetzen, dass Pornographie der mehr negativ konnotierte der beiden Begriffe ist. Werden die Geschlechtsorgane explizit dargestellt, ist die Penetration für den Beobachter deutlich sichtbar, dann kann man meiner Meinung nach von Pornographie sprechen. Ziel der Pornographie ist die sexuelle Erregung und Befriedigung des Beobachters, wobei ich auch das Ziel der Erotik in der sexuellen Stimulation sehen würde. Doch arbeitet die Erotik mit Techniken der Verhüllung und Anspielung. Die Penetration wird in Erotikfilmen nicht direkt dargestellt, Brüste und Gesäß sind zwar sichtbar, doch die Geschlechtsteile werden nicht zur Schau gestellt, was für die Pornographie jedoch wesentlich ist. Auch in erotischen Romanen wird die Penetration nicht so direkt geschildert, wie dies für Pornographie typisch ist. Das Geschlechtliche wird durch die Erotik ein wenig romantisiert, außerdem bietet sie mehr Platz für die eigene Phantasie. Die Pornographie arbeitet sehr direkt, Verhüllungen und Anspielungen haben hier keinen Platz. Erotik ist meistens ästhetisch, hingegen geht pornographischen Filmen oftmals jegliche Ästhetik ab. Ich möchte jedoch nicht abstreiten, dass es einige qualitativ hochwertige Pornos gibt, die sehr wohl in höchstem Grade ästhetisch sind.

Abschließend möchte ich noch anmerken, dass die Grenzen zwischen Pornographie und Erotik meiner Meinung nach fließend und somit nicht immer leicht zu ziehen sind. Was für den einen noch unter Erotik fällt, mag für den anderen schon längst pornographisch sein.

---

[3] Meyers großes Taschenlexikon. 24 Bände. Mannheim, Leipzig, Wien, Zürich: Meyers Lexikonredaktion, 4. Aufl. 1992, Bd. 17, S. 218-219.

1.2. Gesetzeslage in Österreich

In Österreich ist Pornographie erlaubt, verboten ist nur die harte Pornographie. Harte Pornographie wird in der Rechtssprechung bezeichnet als die

„exzessiv aufdringliche, anreißerische verzerrte und nur das Obszöne betonende, den Wertvorstellungen der Gesellschaft in geschlechtlicher Hinsicht gröblich widersprechende Darstellung von sexuellen Handlungen." [4]

Strafbar ist harte Pornographie allerdings nur dann, wenn sie mit finanziellem Gewinn verbunden ist, Besitz und Konsum alleine sind nicht strafbar. Ausgenommen ist hier allerdings die Kinderpornographie.

Erlaubt ist in Österreich die relative Pornographie, die nicht unzüchtig ist, ab einem Alter von 16 Jahren. Strafbar machen sich diejenigen, die unter 16-jährigen wissentlich relatives pornographisches Material zukommen lassen.

Ein strengeres Gesetz gibt es bei der Kinderpornographie. Strafbar ist es bereits, eine sexuelle Handlung mit einem/einer Minderjährigen anzudeuten. Verboten ist über Besitz und Beschaffung bis hin zu Produktion und Verbreitung alles, was mit Kinderpornographie zu tun hat. Nur die Betrachtung für sich alleine ist bis jetzt noch nicht strafbar.

1.3. Geschichte der Pornographie

1.3.1 Pornographie in der Frühzeit

Pornographie hat in einer anderen Form als heute bereits in der Frühzeit existiert. Zu nennen wären hier zum Beispiel die Darstellungen von Geschlechtsverkehr an den Wänden der Steinzeithöhlen von Lascaux.[5] In der Antike gab es zahlreiche Feste und Rituale, die von Faulstich als „kultbedingte Formen der Pornographie"[6] bezeichnet werden. Allerdings hat sich die Einstellung zur Sexualität mit dem Übergang von der Sammlergesellschaft zur Sesshaftigkeit und der späteren Entwicklung des Christentums grundlegend verändert:

---

[4] http://de.wikipedia.org/wiki/Pornographie, S. 7.
[5] Vgl.: Faulstich, Werner: Die Kultur der Pornographie. Kleine Einführung in Geschichte, Medien, Ästhetik, Markt und Bedeutung. Bardowick: Wissenschaftler-Verlag 1994, S. 40.
[6] Ebd.: S. 42

Waren sexuelle Handlungen, ihre Ritualisierungen und kulturelle Darstellung, bislang noch weitgehend zusammengefallen, so fundiert spätestens das Christentum mit seiner ausgeprägten Frauen- und Sexualfeindlichkeit ein grundsätzliches Auseinanderbrechen von Sexuellem einerseits und der Darstellung des Sexuellen andererseits.[7]

1.3.2. Pornographie in der Antike

Wie in Kapitel 1.1. erklärt, bedeutet der Begriff Pornographie ursprünglich das Schreiben über Prostituierte und ihre Gönner.

Im alten Testament findet man sehr viele Materialien über die Pornographie in ihrer ursprünglichen Bedeutung.[8]

Ein gutes Beispiel dafür ist die von H. Montgomery Hyde angeführte Geschichte von Juda und Thamar, die sich im I. Buch Mose, Kapitel 38 befindet.[9] Thamar war mit Judas erstgeborenem Sohn Ger verheiratet, der von Gott erschlagen wurde, weil er sündhaft war. Juda befiehlt nun seinem Sohn Onan seiner Schwägerin beizuschlafen, sie zu heiraten und „ein Samenkorn" für seinen Bruder zu setzen. Onan weiß, dass die Nachkommen dann nicht ihm, sondern seinem verstorbenen Bruder gehören. Er weigert sich dies zu tun und praktiziert einen Coitus Interruptus mit seiner Schwägerin, damit diese nicht schwanger wird und enthält somit seinem Bruder die Nachkommen vor. Dies missfällt Gott und so tötet er auch Onan. Juda verspricht seiner Schwiegertochter schließlich seinen jüngsten Sohn, Sela. Thamar möge im Haus ihres Vaters als Witwe warten, bis Sela alt genug ist, sie zu heiraten. Die Zeit vergeht, bis schließlich Judas Frau stirbt. Nach der Trauerzeit geht dieser um seine Schafe zu scheren. Dies wird Thamar berichtet und macht sie sehr traurig, da Sela inzwischen alt genug ist, um zu heiraten, sie ihm aber nicht als Frau gegeben wurde. So zieht sie ihre Witwenkleider aus und setzt sich verhüllt auf den Weg, an dem Juda vorbeikommen muss. Als Juda nun die Frau mit dem verdeckten Angesicht sieht, hält er sie für eine Hure und bittet sie mit ihm zu kommen. Als Lohn verspricht er ihr einen Ziegenbock zu senden. Thamar verlangt als Pfand, bis sie den Ziegenbock erhält, Judas Ring, seinen Stab und seine Schnur. So passiert es, dass Thamar schwanger von ihrem Schwiegervater wird. Sie geht nach Hause und zieht ihre Witwenkleider wieder an. Juda versucht ihr den Ziegenbock zukommen zu lassen, aber die Prostitu-

---

[7] ebd.: S. 42.

[8] Vgl.: Hyde, Harford Montgomery: Geschichte der Pornographie. Eine wissenschaftliche Studie. Stuttgart: Hans E. Günther Verlag 1965, S. 42.

[9] Vgl.: ebd.: S. 42-44.

ierte, die er sucht, ist nicht auffindbar. Nach drei Monaten kommt Juda zu Ohren, dass seine Schwiegertochter Thamar gehurt hat und dabei schwanger geworden ist. Er möchte, dass sie verbrannt wird, doch sie schickt ihm die drei Stücke, die sie als Pfand von ihm bekommen hat und sagt, dass der Besitzer dieser Gegenstände der Vater ihres Kindes ist. Juda erkennt schließlich sein Unrecht, da er seinen Sohn Sela Thamar nicht zum Ehemann gegeben hat.

Das alte Testament ist voll von solchen Geschichten, aber auch im Neuen Testament kann man zum Teil noch welche finden.

Besonders häufig werden für die Antike die Darstellungen der geschlechtlichen Vereinigung an den Wänden des Bordells von Pompeii genannt, die aus dem 1. Jahrhundert vor Christus stammen.[10] Ebenso von Bedeutung sind pornographische Darstellungen auf Vasen, Höhlenmalereien, Kannen, usw.

Ein wichtiges erotisches Werk aus der Antike ist Ovids Ars Amatoria, die kurz nach Christi Geburt geschrieben wurde.[11] Ovid hat sein Werk in drei Bücher eingeteilt. Das erste Buch befasst sich damit, wo ein Liebhaber eine für ihn passende Geliebte finden kann. Des Weiteren gibt er hier Ratschläge, wie er um die Frau werben und sie für sich gewinnen kann. Im zweiten Buch beschäftigt Ovid sich damit, wie die für sich gewonnene Frau erhalten werden kann. Das letzte Buch schließlich beschäftigt sich mit den Frauen und den von ihnen gefordertem Benehmen der Liebhaber. [12]

Neben dem Werk von Ovid gibt es in der römischen Literatur noch eine Fülle weiterer Erzählungen und Gedichte mit erotischem und pornographischem Inhalt. Genannt werden soll hier noch das Satyricon des Gaius Petronius. Der Autor beschreibt mit bemerkenswerter Liebe zum Detail, die der Phantasie kaum mehr einen Spielraum lässt, jede Art sexueller Perversion, von der oralen Kopulation (fellatio) bis zur Sodomie (praedicatio) und der Defloration kleiner Mädchen.[13]

---

[10] Vgl.: Faulstich, Werner: Die Kultur der Pornographie. Kleine Einführung in Geschichte, Medien, Ästhetik, Markt und Bedeutung. Bardowick: Wissenschaftler-Verlag 1994, S. 42.
[11] Vgl.: Hyde, Harford Montgomery: Geschichte der Pornographie. Eine wissenschaftliche Studie. Stuttgart: Hans E. Günther Verlag 1965, S. 58.
[12] Vgl.: ebd.: S. 59.
[13] Vgl.: Ebd.: S. 71.

1.3.3. Pornographie in anderen Kulturen

1.3.3.1. Das Kamasutra

Bis heute ist das von Vatsyayana im 4. Jahrhundert nach Christus verfasste Kamasutra weit über die Grenzen Indiens hinaus bekannt. Es ist ein Lehrbuch, in dem neben Anleitungen zum Küssen, Beißen, Kratzen und Schlagen auch die laut Vatsyayana 64 möglichen Stellungen beim Geschlechtsverkehr beschrieben werden.

1.3.3.2. Weitere Werke und Darstellungen

Das „Kamasutra" ist das wohl bekannteste Lehrbuch der Erotik, allerdings gibt es noch zahlreiche andere Werke, die ihm um nichts nachstehen. Zu nennen wäre hier zum Beispiel die „Tantra", in der die

„sexuelle Vereinigung als kosmisches Schöpfungsprinzip und Hilfe auf dem Weg zur Erleuchtung" [14]
beschrieben ist.

Des Weiteren werden häufig Seidenmalereien aus China, Holzschnitte und Bilder angeführt.

1.3.4. Pornographie im westeuropäischen Mittelalter

Das Mittelalter war ganz im Gegensatz zu den vorhergehenden Zeiten von Keuschheit geprägt. Erzählt wurde damals vor allem von den Auspeitschungen, zu denen die Sünde des Fleisches führte. Allerdings sind diese Geschichten von erotischer Reinheit, in der Literatur wird von einer Art „umgekehrter Pornographie" [15] in dieser Zeit gesprochen.

Auch in christianisierter Form, d. h. mit der Strategie der Ablehnung sexueller Handlungen und der Bekehrung der „Sünder" aus christlicher Sicht, ist pornographische Literatur überliefert, etwa in Gestalt der Komödien der Nonne Roswitha von Gandersheim (935-975); so

---

[14] Faulstich, Werner: Die Kultur der Pornographie. Kleine Einführung in Geschichte, Medien, Ästhetik, Markt und Bedeutung. Bardowick: Wissenschaftler-Verlag 1994, S. 52.
[15] Hyde, Harford Montgomery: Geschichte der Pornographie. Eine wissenschaftliche Studie. Stuttgart: Hans E. Günther Verlag 1965, S. 77.

enthält beispielsweise die Schilderung der Bekehrung eines „gefallenen Mädchen" der An-schaulichkeit wegen höchst realistische Beschreibungen des damaligen Bordelllebens.[16]

Wichtige Texte waren damals auch die so genannten Beichtspiegel und Moraltexte. Diese fragen sexuelle Vergehen sehr detailliert ab. Gewissermaßen kann man ihnen sogar pornographischen Charakter zusprechen. Ein gutes Beispiel wurde vom Bischof Buchard von Worms um das 1. Jahrtausend herum verfasst:

„ Hast du dir, wie es manche Frauen zu tun pflegen, so eine Vorrichtung oder einen Apparat in Form eines männlichen Gliedes angefertigt nach Maßgabe deiner Wünsche, und ihn an der Stelle deiner Schamteile oder abwechselnd mit einigen Bändern hingebunden und mit anderen Weibern Unzucht getrieben, oder taten es andere mit dem gleichen Instrument oder mit einem anderen mit dir? (…)
Hast du, wie manche Frauen zu tun pflegen, mit der vorgenannten Vorrichtung oder irgendeinem Apparat selbst mit dir allein Unzucht getrieben? (…)
Tatest du, was manche Frauen zu tun pflegen, wenn sie die quälende Geilheit löschen wollen, die sich vereinen und gleichsam den Beischlaf ausüben müssen und es können, indem sie miteinander ihre Genitalien vereinen und indem sie sich so aneinander reiben, ihr Jucken zu stillen trachten?"[17]

Bilder und andere erotische Darstellungen waren im Mittelalter viel seltener geworden, als sie es noch in der Antike waren. Trotzdem haben sie auch zu dieser Zeit nicht ganz gefehlt, sehr beliebt waren vor allem auch voyeuristische Darstellungen.
Beliebt waren damals auch Rätsel oder Gedichte, die Platz für zweideutige Antworten ließen. Das bekannteste unter diesen Rätselbüchern war das so genannte „Exeter Buch", das aus dem angelsächsischen Raum stammt.
Als Beispiel Rätsel Nummer 44:

Ein seltsam' Ding hängt unter den Kleidern an den Schenkeln des Herrn. Es hat vorne ein Loch, ist hart und steif, hat einen guten, festen Platz. Hebt der Mann sein Gewand über das Knie, so will er mit dem Kopf dieses hängenden Instruments ein bekanntes Loch besuchen, welches er –so es von der gleichen Länge ist –schon oft gefüllt hat.[18]

Die Antwort des Rätsels mag nun ein wenig überraschend sein, aber gemeint ist ein Schlüssel!

---

[16] Faulstich, Werner: Die Kultur der Pornographie. Kleine Einführung in Geschichte, Medien, Ästhetik, Markt und Bedeutung. Bardowick: Wissenschaftler-Verlag 1994, S. 57.
[17] Faulstich, Werner: Die Kultur der Pornographie. Kleine Einführung in Geschichte, Medien, Ästhetik, Markt und Bedeutung. Bardowick: Wissenschaftler-Verlag 1994, S. 57.
[18] Hyde, Harford Montgomery: Geschichte der Pornographie. Eine wissenschaftliche Studie. Stuttgart: Hans E. Günther Verlag 1965, S. 87.

Als erstes bedeutendes pornographisches Werk kann man wohl die Erzählungen „Il Decamerone" von Boccaccio bezeichnen, die um 1350 herum entstanden sind. Bedeutend ist das Werk für die Pornographie vor allem deshalb, weil es durch den Buchdruck viel mehr Menschen zugänglich gemacht werden konnte als frühere pornographische Erzählungen.

1.3.5. Pornographie in der europäischen Renaissance

Mit dem Beginn der Renaissance werden erotische und pornographische Darstellungen in Kunst und Literatur wieder häufiger. Beteiligt daran sind vor allem das Aufkommen des Buchdrucks, der die Möglichkeit bietet, Wissen weiter zu verbreiten und der Ausbau der Transportwege.[19] Gleichzeitig mit der Verbreitung von Werken mit pornographischem Inhalt kommt es auch zu Verboten und Zensuren. Doch trotz allem kann nicht verhindert werden, dass sich diese Materialien im Geheimen weiter verbreiten.

Als erster pornographischer Dichter der Neuzeit wird oftmals Pietro Aretino genannt, der um das Jahr 1520 herum seine „Sonetti lussuriosi" verfasst. Folgend ein kurzer Ausschnitt aus diesen Sonetten:

„Komm, lass uns vögeln, Liebste, und zwar gleich,
Denn dafür ist der Mensch ja doch geschaffen.
Weil du den Schwanz so liebst wie ich die Fotze,
Sonst wär' das ganze Leben ja zum Speien.
Wenn man post mortem vögeln könnte, riefe ich:
Wir vögeln uns zu Tod, und werden dann
Mit Eva und Abraham weiter vögeln,
Die sterben mussten wegen ihrem Pech." [20]

Erwähnenswert ist hier auch das in Anlehnung an Il Decamerone verfasste Werk „Heptameron", das um 1550 in Frankreich verfasst wurde. Bemerkenswert sind diese Erzählungen vor allem deshalb, weil sie von einer Frau verfasst wurden. Autorin war Margarete von Valois, die Ehefrau von Heinrich IV. von Navarra. Der elegante Stil

---

[19] Vgl.: Pusnik, Gerhard: Pornographie und Subjektivität. Pornographie, Sexualität und Medien aus subjektwissenschaftlicher Sicht. Dissertation. Univ. Wien 2003, S. 25.
[20] Faulstich, Werner: Die Kultur der Pornographie. Kleine Einführung in Geschichte, Medien, Ästhetik, Markt und Bedeutung. Bardowick: Wissenschaftler-Verlag 1994, S. 71-72.

Boccacio's fehlt ihr zwar, dennoch werden die Zusammenkünfte fleischlicher Liebe detailliert geschildert.[21]

In der Renaissance wird damit begonnen pornographische Darstellungen auch auf Gegenständen des täglichen Lebens zu offenbaren. Außerdem werden bereits Theaterstücke mit pornographischem Inhalt dargeboten, die auf die Zuschauer höchst stimulierend gewirkt haben, vergleichbar in etwa mit den heutigen Pornofilmen. In den Theatern, in denen erotische Stücke aufgeführt werden, gibt es oftmals auch Logen, in denen die Zuschauer ihre Begierden befriedigen können.[22]

1.3.6. Pornographie im 18. und 19. Jahrhundert

Ein heute immer noch bekannter Frauenheld ist der Italiener Giovanni Casanova, der im Jahre 1785 seine erotische, wenn nicht sogar pornographische Autobiographie schreibt. Trotzdem einige Stellen des Werkes ohne Zweifel pornographisch sind, verwendet Casanova nie vulgäre oder obszöne Ausdrücke.[23]

Folgend ein Auszug aus seinen Aufzeichnungen:

Sie zeigte mir ihre kleine Kammer, in der ich ein hübsches Bett, eine kleine Gebetsbank und ein großes Kruzifix erblickte.
„Dein Bett ist zu schmal für dich, mein Herz."
„Keine Spur, ich finde es recht bequem."
Während sie diese Worte sprach, streckte sie sich der Länge nach aus.
„Welch eine reizende Frau werde ich besitzen! Beweg' dich nicht. Laß mich dich bewundern, wie du bist." Meine Hände umfaßten ein schmales Korsett, wahrlich ein Gefängnis für zwei Kugeln, die sich über ihre Gefangenschaft zu beschweren schienen. Ich tastete mich weiter, ich löste das Korsett – denn wo macht die Sehnsucht halt?
„Mein Freund, ich kann mich nicht verteidigen, aber wenn es geschehen ist, wirst du mich nicht mehr lieben."
„Mein Leben lang."
Meine Glut entfachte die ihre und sie öffnete die Arme, während sie mich bat, sie zu respektieren. […][24]

Eine Geschichte der Pornographie zu schreiben ohne dem Franzosen Marquis de Sade und dem Österreicher Leopold von Sacher-Masoch, die den beiden bekanntes-

[21] Vgl.: Hyde, Harford Montgomery: Geschichte der Pornographie. Eine wissenschaftliche Studie. Stuttgart: Hans E. Günther Verlag 1965, S. 89.
[22] Vgl.: Faulstich, Werner: Die Kultur der Pornographie. Kleine Einführung in Geschichte, Medien, Ästhetik, Markt und Bedeutung. Bardowick: Wissenschaftler-Verlag 1994, S. 74.
[23] Vgl.: Hyde, Harford Montgomery: Geschichte der Pornographie. Eine wissenschaftliche Studie. Stuttgart: Hans E. Günther Verlag 1965, 101.
[24] Ebd.: S. 101.

ten sexuellen Abweichungen, nämlich Sadismus und Masochismus, ihre Namen gegeben haben, Beachtung zu schenken, ist undenkbar.

Marquis de Sade wird im Jahr 1740 in Paris geboren, gestorben ist er 1814 im Irrenhaus von Charenton, in dem er einige Jahre seines Lebens verbringt.[25] Außerdem ist er einige Male im Gefängnis gewesen, unter anderem, weil er eine mittellose Frau zu sich nach Hause mitnimmt und sie dort auspeitscht und mit einem Messer verletzt. Während der Zeit, die er im Gefängnis verbringt, beginnt er zu schreiben. Zwei seiner wichtigsten Werke sind „Justine" (1791) und „Juliette" (1796).

Das Werk „Die 120 Tage von Sodom" hat Marquis de Sade während seiner Zeit in der Bastille geschrieben und es nach dem Sturm auf die Bastille für verloren geglaubt. Geschildert werden in dem Roman sämtliche sadomasochistische Praktiken, die man sich nur vorstellen kann. 46 Personen werden zu Beginn des Textes in ein abgelegenes Schloss gesperrt, in dem die Orgien stattfinden. Von den anfänglich 46 Personen bleiben schließlich nur mehr 16 übrig. Zu Beginn des Romans beschreibt der Marquis die Regeln, an die man sich im Schloss halten muss, und deren Übertretungen streng bestraft werden. Der Text ist in vier Abschnitte zu je 30 Tagen gegliedert, wobei nur die ersten 30 Tage detailliert ausgeführt werden. Als Erzählfiguren hat de Sade jeweils eine Hure bzw. Bordellbesitzerin ausgewählt, die einen Abschnitt schildert. Homosexuelle Praktiken werden gleichermaßen geschildert wie heterosexuelle. Zwischen den teilweise grauenhaften und abstoßenden Schilderungen der verschiedensten Sexualpraktiken finden immer wieder philosophische Überlegungen Eingang, die sich zumeist mit der Verwerflichkeit des Menschen beschäftigen. Auch die Religion hat einen nicht unwesentlichen Stellenwert in diesem Werk eingenommen. Der Natur wird Alibicharakter zugestanden, dem Menschen die Willensfreiheit abgesprochen, die Grundüberzeugung des Marquis, dass der Mensch grundsätzlich verbrecherisch geschaffen ist, wird durch die fehlende Willensfreiheit des Menschen gerechtfertigt.[26] Vermutlich sind de Sades literarische und pornographische Entwürfe einer verbrecherischen, menschlichen Gesellschaft zum Teil Auslegung autobiographischer Erlebnisse, was die deutlichen Sprünge zwischen Fiktion und Dokumentation erklären würde.[27] Ich denke, die sexuelle Erregung des Lesers spielt ebenfalls eine Rolle in dem Werk. Die Figuren in „Die 120 Tage von Sodom" leben ihre Aus-

---

[25] Ebd.: S. 139.
[26] Vgl.: Jurgensen, Manfred: Beschwörung und Erlösung. Zur literarischen Pornographie. Bern, Frankfurt am Main, New York: Peter Lang 1985, S. 62.
[27] Vgl.: ebd.: S. 64.

schweifungen distanziert vom Rest der Menschheit aus. Bietet nicht gerade ein literarisches Werk dem Einzelnen die Flucht in eine eigene Welt, eine Phantasiewelt, an? In der Phantasie ist alles erlaubt, es gibt keine Verbote. Nichts könnte so schmutzig oder verdorben sein, dass man es nicht in seiner Phantasie ausleben könnte. Ebenso verhält es sich mit dem geheimen Schloss in de Sades Werk. Auch hier ist nichts verboten. Es gibt zwar Gesetze, die das Benehmen der Personen festlegen, doch können diese die Phantasie kaum einschränken. Gerade durch die Abgeschiedenheit der Ausschweifungen und Orgien von der Öffentlichkeit, kann das Werk genossen werden. Es geschieht alles im Verborgenen und dringt nicht in die Außenwelt vor. Es existiert quasi eine eigene Gesellschaft innerhalb des Schlosses, die sich durch ihre grausamen sexuellen Vorlieben sowie die Exzesse und Orgien von der Gesellschaft außerhalb unterscheidet.

Die Isolation von der restlichen Welt offenbart sich als Idealzustand der Masturbation. Alle Pornographie enthält grundsätzlich Züge der Masturbation: das liegt nicht nur am Konsum pornographischer Schriften, sondern ergibt sich bereits aus der charakteristischen Ausschließlichkeit und Abgeschlossenheit ihres Inhalts (und seiner Darstellung).[28]

Wichtiges Kennzeichen des Werks „Die 120 Tage von Sodom" ist, dass de Sade innerhalb eines durch und durch pornographischen Werkes, Reflexionen über die Wirkung solcher Werke einarbeitet. Interessant ist es auch, de Sades Einstellung zur Sexualität der Frauen im Vergleich zu der der Männer zu betrachten:

Tatsächlich „entladen" sich nicht nur Sades Frauen, wie die Männer „spritzen" sie auch. [...] Sich „entladen" und „spritzen" sind einander entgegengesetzte Begriffe und Bezeichnungen; Mann und Frau bleiben so bei Sade in ihrer Sexualität Ausdruck einer widersprüchlichen Identität. Das „Spritzen" der Frau ruft gezielte Assoziationen von Gift hervor; sie ist die (biblische) Schlange, die den sinnlichen Wissensdrang Adams vergiftet. Sie ist die aktive Verführerin, das natürliche Böse in der menschlichen Sexualität. Andrerseits „entlädt" sich die Frau genau wie der Mann von den existentiell auferlegten Qualen, von eben jener vergifteten Sündhaftigkeit des Menschen, für die sie zugleich verantwortlich gemacht wird. Ihre „Entladung" ist zugleich eine Art Selbsterleichterung, eine Eigensäuberung, eine sinnlich-geistige Entschlackung des bösen, tödlichen, natürlichen Ich. Insofern besteht trotz der vordergründigen Gleichartigkeit in der Sadeschen Behandlung von Mann und Frau doch wieder ein entscheidender Unterschied. Die Frau bleibt für das Gift ihrer Sinnlichkeit selbst verantwortlich, im sexuellen Verkehr, der der Lust des Mannes dient, reinigt sie sich von diesem Fluch. Das sinnliche Dienen, die sexuelle Unterwürfigkeit wird religiös gedeutet, ihr Sklaventum dem Manne gegenüber sublimiert. Die vier männlichen Protagonisten der 120 Tage sind Personifikationen der Macht; kein Wunder also, dass einer von ihnen ein Bischof ist. Die Unterdrückung der Frau durch die Religion ist ein gesondertes Kapitel der Pornografie.[29]

---

[28] Jurgensen, Manfred: Beschwörung und Erlösung. Zur literarischen Pornographie. Bern, Frankfurt am Main, New York: Peter Lang 1985, S. 68-69.
[29] Ebd.: S. 74.

Wichtigen Stellenwert in de Sades pornographischen Werken nimmt unter anderem auch die Religion ein.

Kurz eingehen möchte ich neben „Die 120 Tage von Sodom" hier auch auf die Romane „Justine oder Vom Missgeschick der Tugend" und „Juliette oder Die Wonnen des Lasters". Die beiden Erzählungen können als komplementäre Thesenromane bezeichnet werden, wegen derer der Marquis öffentlich angegriffen wurde, deren Autorenschaft er jedoch vehement bestritt.[30] Von der Geschichte der „Justine" existieren drei verschiedene Fassungen, die beiden nachfolgenden enthalten Erweiterungen zur ersten Fassung. Die Schwestern Justine und Juliette müssen sich nach dem Tod der Eltern alleine durchschlagen. Justine wählt den Weg der Tugend, sie möchte auf dem rechten Weg bleiben, was allerdings mit zahlreichen Schwierigkeiten verbunden ist. Immer wieder stellen sich Justine Probleme in den Weg, sie wird von den verschiedensten Menschen brutal und gewalttätig missbraucht, doch trotz allem versucht sie auf dem rechten Pfad zu bleiben. Zu Ende des Romans trifft sie wieder auf ihre Schwester, der sie ihre Lebensgeschichte erzählt, bevor sie während eines Gewitters vom Blitz getroffen und getötet wird. Die Lebensgeschichte der Juliette verläuft in ganz anderen Bahnen. Juliette wird Prostituierte, sie begeht zahlreiche, zum Teil auch grauenhafte Verbrechen, kann aber im Gegensatz zu Justine ein zufriedenes glückliches Leben im Reichtum führen. Juliette schließt sich einer Gemeinschaft von Leuten an, die sich „Gesellschaft der Freunde des Verbrechens" nennen und die es sich zur Aufgabe gemacht haben, Verbrechen jeder erdenklichen Art zu begehen. Nachdem sie sich weigert, sich an einem Verbrechen zu beteiligen, muss sie aus Paris fliehen. Zunächst bleibt sie in Frankreich und heiratet einen wohlhabenden Mann, den sie schließlich aber tötet. Ihr nächstes Ziel ist Italien, wo sie unter anderem einen Menschenfresser kennenlernt. In Venedig gründet sie mit einer Freundin ein gut florierendes Bordell, doch nachdem sie auch hier Schwierigkeiten hat, reist sie zurück nach Frankreich, wo sie nochmals auf ihre Schwester Justine trifft.

Das Werk „Justine" ist ebenso wie „Die 120 Tage von Sodom" in der Bastille entstanden. Die Grundthese des Marquis de Sade, dass sich Tugend in der menschlichen Gesellschaft nicht lohnt und dass sie unvermeidbar zu sozialer Bestrafung führen muss, wird in diesem Werk vehement vertreten.[31] Ein wichtiges Thema des

---

[30] Vgl.: Jurgensen, Manfred: Beschwörung und Erlösung. Zur literarischen Pornographie. Bern, Frankfurt am Main, New York: Peter Lang 1985, S. 97.
[31] Vgl.: ebd.: S. 79.

Romans ist die Natur. Der Begriff taucht immer wieder auf, vor allem um Missstände in der Gesellschaft oder unmoralisches Verhalten zu rechtfertigen, somit ist ein natürliches Verhalten bei de Sade ein unmoralisches oder zumindest amoralisches Verhalten.[32] Justine wird in dem Werk immer wieder zum Opfer, egal ob sie Beziehungen mit Männern oder Frauen führt, sie wird ausgenutzt und ihre Tugend wird ein aufs andere Mal auf die Probe gestellt. Im der Erzählung „Justine" wird der Tod der Frau als Naturunglück dargestellt. Der Blitz tötet und verunstaltet sie, Schuld sind alleine die Launen der Natur. Anders wird der Tod der Justine in „Juliette" dargestellt. Justine hält sich bei ihrer Schwester auf und wird während eines Gewitters von deren Freunden aus dem Haus geworfen, damit sie vom Blitz getötet wird. Sie kommt ein Stück durch den Wald bis an die Landstraße, dort trifft sie der Blitz und spaltet sie in zwei Hälften. Die „bösen" Menschen haben hier eine so große Macht, dass ihr Einfluss sich bis auf die Natur erstreckt. Die Natur ist also auch in „Juliette" wichtiger Bestandteil des Werkes.

Interessant ist die Einbeziehung des Lesers in das Werk „Juliette".

Je mehr Sade pornographische Szenen als geistiges Verhaltenmuster zeichnet, umso gezielter provoziert er seine Leser. Zweifellos sucht Sade den Dialog mit seinem Leser, seine Fiktion begreift er als philosophisches Gespräch. Vom ersten Satz an wird der Leser ausdrücklich angesprochen und so mit in die erzählerische Darstellung einbezogen. Doch Sade geht weiter: er lässt seine Erzählerin Juliette die Leser als „meine Freunde" anreden. Auf solche Weise werden sie, ob sie es wollen oder nicht, zu Vertrauten einer Verbrecherin und Hure. Durch diese simple Erzählmanipulation gibt Sade zu erkennen, was er von seinen Lesern hält. Auch sie sind für ihn Huren, Verbrecher, Opfer ihres Geistes, ihrer Natur, ihrer Leidenschaft. [...] Die Verhöhnung des Lesers erreicht ihren Höhepunkt, wenn er unmittelbar nach einem begangenen Mord ausdrücklich als „Freund" angesprochen wird. Sade bezichtigt ihn der Mittäterschaft, er konstruiert eine aufgezwungene Kollusion zwischen Autor und Leser, verbrecherischen Erzählgestalten und Leser.[33]

Allerdings bezieht de Sade meiner Meinung nach den Leser nicht nur mit ein, um zu zeigen, was er von ihm hält, sondern er will damit auch sein Werk interessanter für den Leser gestalten. Es fällt dem Leser leichter mit einer Figur mit zu leben, wenn er selbst in die Geschichte eingebunden wird. Beschreibt der Autor sexuelle Abenteuer, verwendet er häufig den Ausdruck „Arbeit", den man in zweierlei Hinsicht betrachten muss: Einerseits bedeutet der Begriff den persönlichen Lustgewinn, andererseits versteht er darunter auch die Anstrengung einem Kunden Genuss zu bereiten.[34] Eine

---

[32] Vgl.: ebd.: S. 83.
[33] Jurgensen, Manfred: Beschwörung und Erlösung. Zur literarischen Pornographie. Bern, Frankfurt am Main, New York: Peter Lang 1985, S. 111-112.
[34] Vgl: Ebd.: S. 113.

zeitlang war de Sade aus der Literatur verdrängt worden, doch heute wird ihm sein Platz darin wieder zugestanden und seine Texte werden auch dementsprechend behandelt.

Leopold von Sacher-Masoch wird 1836 in Lemberg, das auf damals österreichischem Boden lag, geboren und ist 1895 gestorben.[35] Seine Vorliebe für den Anblick von Grausamkeiten jeglicher Art ist bereits als Kind relativ stark ausgeprägt. Sein bekanntester Roman ist die „Venus im Pelz", in dem er sich mit seinen liebsten Fetischen, nämlich Peitschen und Pelze, befasst.

Im 18. Jahrhundert dehnt sich die Zensur gegen die Pornographie immer weiter aus. In England wird schließlich im Jahr 1802 die „Society for the Supression of Vice" gegründet, die gegen obszöne Bücher, Zeichnungen und Theaterstücke vorgeht und zugleich auch Gesetze zur Unterdrückung von moralisch anstößigem Material anregte.[36] Ähnlich entwickelt sich die Situation in Amerika, wo allerdings nicht nur schriftlich Festgehaltenes, sondern auch mündlich Erzähltes verboten werden kann.

Obwohl im 19. Jahrhundert mehr pornographische Materialien aller Art produziert werden als zu jeder Zeit davor, wird die Zensur nun auf alle Medien angesetzt und verschärft. In Österreich werden 1852 unzüchtige Bücher und Bilder per Gesetz verboten.[37]

Alle erdenklichen Varianten der menschlichen Sexualität werden zu dieser Zeit in Literatur und Bildern dargestellt, angefangen bei Sadismus und Masochismus über Masturbation bis hin zu Nekrophilie, Sodomie und Zoophilie.

Seit der Mitte des 19. Jahrhunderts wird damit begonnen, pornographische Erzählungen durch bildliche Darstellungen visuell anschaulicher zu machen. Erotische und pornographische Magazine und Zeitschriften werden publiziert.

Auch das neue Medium der Fotografie wird für die Darstellung sexueller Akte genutzt.[38] Dargeboten wird alles, was in der menschlichen Phantasie nur irgendwie denkbar ist.

---

[35] Vgl.: Hyde, Harford Montgomery: Geschichte der Pornographie. Eine wissenschaftliche Studie. Stuttgart: Hans E. Günther Verlag 1965, S.141.
[36] Vgl.: Faulstich, Werner: Die Kultur der Pornographie. Kleine Einführung in Geschichte, Medien, Ästhetik, Markt und Bedeutung. Bardowick: Wissenschaftler-Verlag 1994, S. 75.
[37] Vgl.: ebd.: S. 77.
[38] Vgl.: ebd.: S. 82.

1.3.7. Pornographie im 20. und 21. Jahrhundert

Am komplexesten und zugleich unübersichtlichsten präsentiert sich das 20. Jahrhundert, nicht zuletzt aufgrund der sprunghaft zunehmenden Visualisierungen der Pornographie, im Gefolge der Medien Foto, Bilderpresse (einschließlich Comics) und Film, bis hin zu Fernsehen und interaktiven Medien.[39]

Trotz der größeren Verbreitung, vor allem durch die neuen Medien, halten die Zensur der Pornographie und das Verbot einzelner Werke auch im 20. Jahrhundert weiter an. In einzelnen Ländern bilden sich bereits nach dem 1. Weltkrieg Anti-Pornographie-Gruppen, die in anderer Form bis heute existieren. Neben als literarisch angesehenen Romanen wird auch eine unüberschaubare Menge an Taschenbüchern und „Schundheftchen" mit pornographischem Inhalt produziert. Momentan wird ein großer Teil des pornographischen Materials über das Internet verbreitet, da diesem Medium kaum Grenzen gesetzt sind. Allein die Eingabe des Begriffs „Pornographie" in der Suchmaschine „Google.at" bringt 444.000 Suchergebnisse hervor, der Begriff „Porno" sogar 166.000.000. Auch verbotene Formen der Pornographie wie zum Beispiel Kinderpornographie finden über das Internet Verbreitung. Auch wenn immer wieder Gruppen gefasst werden, die illegales pornographisches Material über das Internet zugänglich machen, kommen mindestens ebenso schnell neue Distributoren nach.

Wichtig für das 20. Jahrhundert sind pornographische Comics, die in den 20-er und 30-er Jahren in Amerika entstanden sind. In den 50-erJahren entwickeln sich so genannte „Bizzare Comics", die ihren Schwerpunkt in Fetischismus, Sadismus, Masochismus und Gewalt finden.[40] Verwendet werden für diese Comics häufig bekannte Kindercomics wie zum Beispiel Popeye oder Lucky Luke. Außerdem werden in jedem Comic verschiedene Sexstellungen dargestellt.

1.3.8. Resümee

Pornographie ist kein erst in der Gegenwart entstandenes Phänomen, sie existiert seit Anbeginn der Menschheit in allen Kulturen. Natürlich hat sie sich im Laufe der Zeit und mit der Entwicklung immer raffinierterer Medien verändert, aber sie war

---

[39] Faulstich, Werner: Die Kultur der Pornographie. Kleine Einführung in Geschichte, Medien, Ästhetik, Markt und Bedeutung. Bardowick: Wissenschaftler-Verlag 1994, S. 87.
[40] Vgl.: ebd.: S. 93.

immer im Leben der Menschen präsent. Berücksichtigt werden muss natürlich, dass, bis ins 18. Jahrhundert hinein, nur sehr wenige Menschen lesen und schreiben konnten. Damit hat sich sowohl die Produktion als auch die Rezeption auf eine Minderheit beschränkt.[41]

Pornographie hat sich laut Faulstich vom Beginn an bis heute nur in zwei Punkten verändert:

„Erstens gibt es viel mehr Menschen auf der Welt, mehr Freizeit, mehr Geld und mehr Lesefähigkeit und generell Zugänglichkeit zu Pornografie – und deshalb auch absolut gesehen, mehr Produkte und mehr Konsum. Zweitens kamen bei jedem neu entstehenden Medium neue Ausdrucksformen hinzu und wurden genutzt. Damit wurde, gleichsam in Sprüngen, mehr Öffentlichkeit hergestellt."[42]

---

[41] Vgl.: Pusnik, Gerhard: Pornographie und Subjektivität. Pornographie, Sexualität und Medien aus subjektwissenschaftlicher Sicht. Dissertation. Univ. Wien 2003, S. 39.
[42] Faulstich, Werner: Die Kultur der Pornographie. Kleine Einführung in Geschichte, Medien, Ästhetik, Markt und Bedeutung. Bardowick: Wissenschaftler-Verlag 1994, S. 109-110.

2. Theoretische Ansätze zur Pornographie

Faulstich stellt in seinem Werk „Die Kultur der Pornographie" drei verschiedene Theorien zur Pornographie vor, auf die ich im Folgenden eingehen möchte. Zur ersten seiner Theorien, der Spiegelungstheorie, möchte ich nach Wendy McElroy eine Unterteilung der feministischen Einstellungen zur Pornographie vornehmen und auf relevante Werke eingehen. Faulstich behandelt in der Spiegelungstheorie näm-lich nur die Einstellung der Anti-Porno-Feministen/innen und dies wirft ein etwas einseitiges und tristes Bild auf die feministische Einstellung zur Pornographie. Der überwiegende Teil der Feministen/innen ist heute zwar auf der Seite von Catherine MacKinnon, Andrea Dworkin und Alice Schwarzer, doch gibt es auch einige, die sich für Pornographie einsetzen oder sie zumindest nicht aus unser aller Leben verdam-men wollen.

Faulstich bezeichnet die „Kriterien traditioneller Definitionen von Pornographie als ausnahmslos unwissenschaftlich"[43], deshalb verwendet er als Arbeitsdefinition fol-gende:

„Pornographie ist eine spezifische Darstellung sexueller Handlungen in Wort, Bild oder Ton; die Darstellung ist erstens explizit detailliert, zweitens fiktional wirklich und drittens szenisch narrativ. Die konkrete Bestimmung dessen, was als sexuelle Handlung gilt, kann nur in historiographischen Querschnitten erfolgen."[44]

2.1. Spiegelungstheorie

Die Spiegelungstheorie, wie oben bereits erwähnt, wurde von Feministen/innen hervorgebracht, um Frauen vor Pornographie zu schützen. Pornographie wird darge-stellt als:

„Spiegel der Unterdrückung der Frau durch den Mann und gleichsam theoretische Anleitung zur realen Vergewaltigung"[45].

Führend an dieser Debatte beteiligt sind Catherine MacKinnon, Professorin für Rechtswissenschaften an der University of Michigan Law School, Andrea Dworkin, in

---

[43] Ebd.: S. 245.
[44] Ebd.: S. 245.
[45] Faulstich, Werner: Die Kultur der Pornographie. Kleine Einführung in Geschichte, Medien, Ästhetik, Markt und Bedeutung. Bardowick: Wissenschaftler-Verlag 1994, S. 246.

New York lebende Soziologin, und die Deutsche Alice Schwarzer, die unter anderem als Herausgeberin der Zeitschrift „Emma" und durch die PorNO-Kampagne bekannt ist.

Faulstich bezeichnet die in der Spiegelungstheorie vorgebrachten Ansätze als feministische Diskussionsbeiträge, ich möchte sie im Folgenden aber als anti-porno-feministisch bezeichnen, da diese Theorie aus dem Lager der Pornographiegegner/innen stammt, man aber nicht alle Feministen/innen als Pornographiegegner/innen bezeichnen darf. Faulstich findet an den anti-porno-feministischen Beiträgen

„vor allem die große Emotionalität der Argumente und ihre Parteilichkeit und Wertungstendenz problematisch"[46].

Um die Spiegelungstheorie verständlicher zu machen, beschäftigt sich der Autor mit Andrea Dworkins Werk „Pornographie. Männer beherrschen Frauen.", Susanne Kappelers „Pornographie. Die Macht der Darstellung" und der „Emma" – Sonderausgabe „PorNO". Aus Andrea Dworkins Werk arbeitet er drei Merkmale heraus, die zeigen, dass sie einerseits versucht, ihre Leser/innen zu manipulieren und andererseits viele Dinge einfach so darstellt, dass sie in ihr Konzept über Pornographie passen:

„Erstens wird durchgängig Pornografie, die Darstellung sexueller Handlungen, mit Sexualität selbst verwechselt bzw. gleichgesetzt. Zweitens werden Fotos, Romane und Bildgeschichten rein assoziativ nacherzählt und beschrieben, wobei in bloßer Analogie von der Fiktion auf reale Wünsche und Verhaltensweisen von Menschen geschlossen wird. Und drittens werden pornografische Produkte derart extrem einseitig selektiert, dass die Verschiebung von der Darstellung sexueller Handlung auf die Darstellung aggressiver Handlung unvermeidlich ist."[47]

Als Beispiele dienen meistens Werke, die eine aggressive Sexualität darstellen, allerdings wird nicht erwähnt, dass es sich dabei, gemessen an der großen Zahl pornographischer Werke insgesamt, um einen verschwindend kleinen Anteil handelt. Oft hat man das Gefühl, dass gewisse Darstellungen oder Bilder einfach aus dem Zusammenhang gerissen werden, um für die eigenen Zwecke brauchbar zu sein. Generell hat man bei anti-pornographischen Werken den Eindruck, dass die Autor/innen keine andere Meinung gelten lassen wollen und nicht kompromissbereit

---

[46] Ebd.: S. 247.
[47] Faulstich, Werner: Die Kultur der Pornographie. Kleine Einführung in Geschichte, Medien, Ästhetik, Markt und Bedeutung. Bardowick: Wissenschaftler-Verlag 1994, S. 247.

sind. Es kann für sie keinen anderen Weg für die Befreiung der Frauen geben, als die Pornographie zu verbieten und sie aus dem Leben der Menschen zu verbannen.

Positive Aspekte der Pornographie werden nicht berücksichtigt, für sie bleibt kein Raum, nur das (vermeintlich) Negative wird berücksichtigt.

Alice Schwarzer hat im „Emma" – Heft 12/1987 einen Gesetzesentwurf zur Pornographie vorgestellt, der an alle Abgeordneten des deutschen Bundestages geschickt wurde. Pornographie wird hier folgendermaßen definiert:

Pornographie ist die verharmlosende oder verherrlichende, deutlich erniedrigende sexuelle Darstellung von Frauen oder Mädchen in Bildern und/oder Worten, die eines oder mehrere der folgenden Elemente enthält:
1. die als Sexualobjekt dargestellten Frauen/Mädchen genießen Erniedrigung, Verletzung oder Schmerz;
2. die als Sexualobjekt dargestellten Frauen/Mädchen werden vergewaltigt – vaginal, anal oder oral;
3. die als Sexualobjekte dargestellten Frauen/Mädchen werden von Tieren oder Gegenständen penetriert – in Vagina oder After;
4. die als Sexualobjekte dargestellten Frauen/Mädchen sind gefesselt, geschlagen, verletzt, misshandelt, verstümmelt, zerstückelt oder auf andere Weise Opfer von Zwang und Gewalt.
Die Verbreitung, Sammlung oder Öffentlichmachung von Pornographie im Sinne der Absätze 1 bis 4 ist nur dann zulässig, wenn sie eindeutig wissenschaftlichen oder eindeutig gesellschaftskritischen Zwecken dient. Die Herstellung von Pornographie aber ist auch in diesem Falle unzulässig.[48]

Zu diesem Gesetzesentwurf wurde auch eine Begründung verfasst, die die Definition folgendermaßen erklärt:

Die Definition geht davon aus, dass der zentrale Sinn der Pornographie die Propagierung und Realisierung von Frauenerniedrigung und Frauenverachtung ist. Pornographie ist also kein Instrument der Lust, sondern ein Instrument der Macht. In der herrschenden Sexualität überschneiden sich die beiden Bereiche. Pornographie sexualisiert Macht. Unsere Definition von Pornographie unterscheidet sich erheblich von der heute strafrechtlich gefundenen. Wir tragen damit zur Entmythologisierung des Rechts bei und ermöglichen so einen realistischen Rechtsgüterschutz der Betroffenen.
Die Ausführungen der Absätze 1 bis 4 berücksichtigen die Realität in den heutigen Pornographie-Produktionen, zu der zunehmend auch Folter und Mord gehören. Wie neuere Erfahrungen und Untersuchungen auch in der BRD zeigen, ist die Gewaltpornographie sowohl in die als „legal" verstandene Pornographie eingedrungen als auch in der Illegalität weit verbreitet und leicht erhältlich.[49]

Hier ist die Anspielung auf so genannte Snuff-Pornos zu finden. Dies sind Filme, in denen Frauen und Kinder zur sexuellen Befriedigung real getötet werden. Die Existenz dieser Filme ist umstritten. Es gibt nur einen Fall, der nachgewiesen werden

---

[48] www.emma.de/das_gesetz_12_1987.html, S. 1
[49] www.emma.de/die_begruendung_12_1987.html , S 3.

konnte. Dabei handelt es sich um kinderpornographische Videos, die von einem Russen über das Internet verbreitet wurden, in denen nachweislich Kinder vor laufender Kamera zu Tode gefoltert wurden.[50] Ob Snuff-Filme nun wirklich in größerer Menge existieren, ist fragwürdig. Ich möchte nicht abstreiten, dass Snuff-Filme existieren und im privaten Rahmen angesehen und verbreitet werden, doch halte ich es für fraglich, ob man gegen etwas vorgehen kann, dessen Existenz so umstritten ist, wie dies hierbei der Fall ist.

Die Formulierung des Gesetzesentwurfes ist teilweise unklar abgefasst. Faulstich bringt als Beispiel dafür die Formulierung der Penetration durch Gegenstände.[51] Die Formulierung ist so weit gefasst, dass hier auch Vibratoren und Dildos eingeschlossen wären, die weite Verbreitung haben, unter diesem Gesetz aber als pornographisch eingestuft und somit verboten wären.

Faulstich formuliert nun sehr treffend:

„Pornographie kann frauenfeindlich sein, muss es aber nicht, und nicht alles Frauenfeindliche ist pornografisch."[52]

Die Anti-Porno-Feministinnen kämpfen gegen die Pornographie, in der sie ein großes Problem der Unterdrückung und Unterwerfung der Frauen sehen. Doch erkennen sie nicht, dass in einem Verbot der Pornographie nicht die Lösung aller Probleme zur Gleichberechtigung der Frauen liegt.

2.1.1. Verschiedene feministische Einstellungen zur Pornographie

Pornographie ist ein innerhalb des Feminismus sehr umstrittener und heikler Punkt. Im Laufe der Zeit haben sich eigene Gruppen herauskristallisiert, die ihre von den anderen häufig sehr umstrittenen Meinungen und Theorien streng vertreten. Wendy McElroy hat diese unterschiedlichen feministischen Positionen in drei Kategorien geteilt, die die verschiedenen Positionen sehr gut darstellen. Die Unterteilung erfolgt in Feministen/innen, die strikt gegen Pornographie sind und in ihr die Ausbeutung der Frau sehen, in solche, die eine liberale Position vertreten und Pornographie mit dem

---

[50] Vgl.: http://de.wikipedia.org/wiki/snuff-Film, S. 1.
[51] Vgl.: Faulstich, Werner: Die Kultur der Pornographie. Kleine Einführung in Geschichte, Medien, Ästhetik, Markt und Bedeutung. Bardowick: Wissenschaftler-Verlag 1994, S. 252.
[52] Ebd.: S. 254.

Recht der freien Meinungsäußerung verknüpfen und als drittes in diejenigen, die die Pornographie verteidigen und erklären, dass Frauen auch Vorteile durch Pornographie haben.[53]

2.1.1.1. Anti-Porno-Feminismus

Einige Vertreter/innen des Anti-Porno-Feminismus haben in den 80-er Jahren des 20. Jahrhunderts versucht, Pornographie als das wichtigste Mittel für die Unterdrückung der Frau darzustellen.[54] Dies kann nicht haltbar sein, da die Benachteiligung und Unterdrückung der Frau in unserer Kultur verankert ist und meiner Meinung nach nur durch eine Veränderung unserer Gesellschaft, angefangen vom Leben in der Familie bis hin zum Arbeitsplatz und der Stellung der Frau in den Religionen, verändert werden kann.

Kennzeichnend für diese Strömung ist Robin Morgans Aussage: „Pornographie ist die Theorie; Vergewaltigung die Praxis." Diese Aussage ist meiner Meinung nach aber nicht haltbar. Es gibt eine Studie, durchgeführt von Pro-Sex-Feministinnen in den Jahren von 1964 bis 1984 in Deutschland, Schweden, Dänemark und den USA, die keinen Zusammenhang von Pornographiekonsum mit der jeweiligen Vergewaltigungsrate in den angeführten Ländern aufzeigt.[55] Pornographie hat sich in dieser Zeit relativ schnell verbreitet und wurde in Deutschland während des Zeitraumes der Studie sogar legalisiert, trotzdem gab es keinen Anstieg bei Vergewaltigungsopfer. Es wird sogar darüber diskutiert, ob nicht der umgekehrte Fall eintreffen und die weitere Verbreitung der Pornographie die Zahlen der Vergewaltigungen senken könnte. Für mich wäre dies gut vorstellbar. Möglicherweise wirkt die Betrachtung pornographischen Materials auf manche Menschen ähnlich einem Ventil, das Luft aus den Reifen lässt. Pornofilme oder pornographische Literatur kann Menschen meiner Meinung nach ermöglichen, ihre Vorstellungen in der Phantasie auszuleben und so ihre eigene Sexualität zu steuern. Andererseits kann nicht ausgeschlossen werden, dass psychisch labile Menschen, gewisse Dinge, die sie im Film sehen, auch in der Realität ausleben möchten und dadurch zu Gewalttäter/innen werden. So genannte Nachahmungstäter/innen werden allerdings nicht nur durch Pornographie,

---

[53] Vgl.: http://www.wendymcerlroy.com/articles/14-fem_sicht.html , S.1.
[54] Vgl.: http://de.wikipedia.org/wiki/Sex-positive_feminism , S.1.
[55] Vgl.: ebd.: S. 4-5.

sondern zum Beispiel auch durch Gewalt verherrlichende Filme, zu ihren Taten angeregt. Allerdings ist die Zahl der durch Filme angeregten Verbrechen so gering, dass man deswegen nicht ganze Genres verbieten kann.

Die beiden wichtigsten Vertreterinnen der Anti-Porno-Kampagne sind Catherine A. MacKinnon und Andrea Dworkin, wobei das Schlüsselwerk meiner Meinung nach MacKinnons „Nur Worte" ist. MacKinnon geht in ihrem Werk sehr hart gegen Pornographie vor.

Pornographie wird als Masturbationsmaterial dargestellt, das keinerlei künstlerischen, literarischen oder ästhetischen Wert haben kann. Konsumieren Männer Pornographie in ihrer zweidimensionalen Form, wollen sie diese früher oder später auch in dreidimensionaler Form leben. MacKinnon schreibt hierzu:

„Einige werden Serienvergewaltiger und Sexualmörder – Pornographie zu benutzen und herzustellen ist untrennbar mit diesen Handlungen verbunden -, entweder als Freischaffende oder in Sex-Banden, die, je nachdem, als Sex-Ringe, organisiertes Verbrechen, religiöse Kultsekten oder Organisationen, die von der Überlegenheit einer weißen Rasse ausgehen, bezeichnet werden."[56]

Pornographie als Fantasie wird in „Nur Worte" bestritten. Jeder, der pornographisches Material konsumiert, muss es laut MacKinnon auch in der realen Welt leben. [57]

2.1.1.2. Liberale Feministen/innen

Die liberalen Feministen/innen wollen die Gleichstellung von Männern und Frauen erreichen. Männer werden dabei nicht als Unterdrücker gesehen, sondern als Partner, die aufgeklärt werden müssen, damit die Gleichstellung der Geschlechter nicht durch Zerstörung des Systems, sondern durch seine Reformierung erreicht werden kann.[58] Doch selbst innerhalb dieser Gruppe gibt es keine einheitliche Einstellung bezüglich der Pornographie. Ein Teil der liberalen Gruppe fordert zwar Redefreiheit und ist gegen Zensur, doch sind sich die Angehörigen dieser Gruppierung über ihre Einstellung zur Pornographie selbst nicht ganz im Klaren, obwohl sie sie als kulturelles Phänomen akzeptieren. Die anderen Angehörigen des liberalen Feminismus

---

[56] MacKinnon, Catherine A.: Nur Worte. Frankfurt am Main: Fischer 1994, S. 22.
[57] Vgl.: Ebd.: S. 27.
[58] Vgl.: http://www.wendymcerlroy.com/articles/14-fem_sicht.html , S. 2.

sympathisieren mit den Anti-Porno-Feministen/innen und stellen somit die Redefreiheit hinten an.

2.1.1.3. Pro-Sex-Feminismus

Entstanden ist diese Strömung als Antwort auf den Versuch der Anti-Porno-Feministen/innen, Pornographie als wichtigstes Mittel für die Unterdrückung der Frau darzustellen. Der Ausgangspunkt dieser Strömung ist, dass sexuelle Freiheit ein wichtiger Bestandteil der Bestrebungen von Frauen nach Gleichberechtigung und Freiheit ist, weshalb die Einschränkung aller sexuellen Tätigkeiten, die einvernehmlich zwischen Erwachsenen stattfinden, abgelehnt wird.[59]

Jeder Frau soll das Recht bleiben, freie Entscheidungen über ihren Körper zu treffen. Wenn Frauen sich an der Herstellung von Pornographie beteiligen oder diese konsumieren wollen, ist dies eine Entscheidung, die sie nur für sich selbst treffen können. Allerdings sollten sie für ihre Entscheidungen nicht verurteilt werden.

Wendy McElroy hat verschiedene Punkte angeführt, wie Pornographie Frauen sowohl persönlich, als auch politisch nutzen kann:[60]

- Pornographie liefert Frauen sexuelle Informationen: sie liefert einen Überblick über sämtliche sexuelle Möglichkeiten, Frauen haben die Möglichkeit auf sichere Weise sexuelle Alternativen zu sehen und zugleich ihre sexuelle Neugierde zu befriedigen, außerdem liefert sie im Gegensatz zu Lehrbüchern emotionale Informationen.

- Die emotionale Verwirrung, die mit Sex in der realen Welt oft einhergeht, wird durch Pornographie beiseite geschoben. Phantasien können dadurch ausgelebt werden.

- Kulturelle und politische Klischees werden verändert, so dass Sex für jede Frau neu definiert werden kann.

- Pornographie kann als Therapie für Menschen, die keine/n Sexualpartner/in haben, gesehen werden, aber sie kann auch Paaren dazu dienen, ihre Beziehung zu vertiefen.

---

[59] Vgl.: http://de.wikipedia.org/wiki/Sex-positive_feminism , S.1.
[60] Vgl.: http://www.wendymcerlroy.com/articles/14-fem_sicht.html , S. 5-7.

- Pornographie und Feminismus sind historisch gesehen eigentlich Verbündete, die sexuelle Freiheit voraussetzen.

- Pornographie kann als Redefreiheit bezeichnet werden, die auf den sexuellen Bereich angewandt ist.

- Männer mit gewalttätigen Neigungen gegen Frauen können durch Pornographie besänftigt werden.

- Sexarbeiterinnen würde durch die rechtliche Anerkennung von Pornographie Schutz zuteil werden und sie würden nicht mehr durch die Gesellschaft diskriminiert werden.

Ein bedeutendes Werk des Pro-Sex Feminismus ist Nadine Strossens „Zur Verteidigung der Pornographie. Für die Freiheit des Wortes, Sex und die Rechte der Frauen". Die Autorin lebt in Amerika, war einige Jahre als Anwältin tätig und unterrichtet heute an der New York Law School Verfassungsrecht und Internationale Menschenrechte. Gleichzeitig ist sie Gründungsmitglied der „Feminists for Free Expression".

Strossen beschäftigt sich in ihrem Werk mit den Anti-Porno-Feministen/innen, besonders nimmt sie Bezug auf Catherine MacKinnon und Andrea Dworkin, die sich für ein Verbot der Pornographie einsetzen, da diese ihrer Meinung nach zu Gewalt und Diskriminierung von Frauen führt. Strossen hingegen vertritt die Meinung, dass eine Zensur von Pornographie Frauenfeindlichkeit nicht verringern würde. Der Einfluss der Anti-Porno-Feministen/innen ist bereits so groß, dass auch viele Regierungsbeamte/innen in Amerika die Unterdrückung sexuellen Materials als höchste Priorität aller Frauen sehen.[61]

In der angestrebten Zensur der Pornographie sieht Strossen einen „doppelten Trugschluss":

Sie würden nämlich sowohl die Redefreiheit als auch die Gleichberechtigung untergraben[62].

Das First Amendment sichert die Redefreiheit in Amerika. Doch sieht die Autorin dieses Recht auf freie Meinungsäußerung und Rede in Gefahr, wenn sich die Gesetze zur Zensur der Pornographie durchsetzen.

Freie Meinungsäußerung bedeutet immer auch, dass Dinge gesagt oder dargestellt werden, die einigen Menschen missfallen. Doch gerade durch dieses Recht haben

---

[61] Vgl.: Strossen, Nadine: Zur Verteidigung der Pornographie. Für die Freiheit des Wortes, Sex und die Rechte der Frauen. Zürich: Haffmans Verlag 1997, S. 10.
[62] Ebd.: S. 35.

sie die Chance, dem Gesagten oder den Darstellungen zu widersprechen und diese zu widerlegen. Eine andere Möglichkeit wäre es die Dinge, die uns missfallen, zu ignorieren und diese nicht zu sehen oder zu hören.

Als wichtigstes, degradierendes Klischee der Antipornographie-Bewegung gilt, dass „Sex von seiner Wesensart her Frauen grundsätzlich degradiert"[63].

Die Freiheit der Frau wird in Frage gestellt, solange sie freiwillig sexuelle Beziehungen zu Männern unterhält. Eine Frau kann nicht freiwillig mit Männern schlafen, tut sie es doch, wird sie von den Anti-Porno-Feministen/innen verachtet und als nicht bei Sinnen betrachtet. Sogar einvernehmlicher Sex soll eine Herabwürdigung von Frauen sein.[64] Die Verteidiger der Pornographie sind hingegen der Meinung, dass jede sexuelle Handlung, die einvernehmlich zwischen zwei oder mehreren erwachsenen Personen stattfindet, nicht verwerflich sein kann.

Durch die Anti-Porno-Feministen/innen kommt es zu einer Dämonisierung jeglicher sexuell anschaulicher Darstellung.[65] Die angebliche Diskriminierung der Frauen durch Pornographie wird so hervorgehoben, dass jegliche andere wirkliche Diskriminierung verblasst. Frauen werden oft durch ganz alltägliche Dinge viel mehr herabgesetzt, als dies durch Pornographie passiert. Doch Dworkin, MacKinnon und ihre Anhänger/innen haben sich auf die Pornographie als Sündenbock festgelegt. Betrachtet man zum Beispiel die Werbung, wird hier ein sehr verzerrtes Frauenbild vertreten. Frauen werben für Wasch- und Putzmittel, für Haushaltsgeräte, Kinderwindeln, usw. Die Frau wird in der Werbung oftmals als Hausfrau dargestellt, deren einzige Sorge es ist, dass die Wäsche wieder reinweiß ist, das Geschirr glänzt und die Familie versorgt ist. Dadurch wird das Bild der Frau als hauptberufliche Haushälterin verstärkt transportiert, bereits Kinder nehmen diese Darstellungen in sich auf. Diese Illustration der Werbung macht es sehr schwer, Frauen als den Männern gleichberechtigte menschliche Wesen zu sehen.

Auch wenn die Pornographiegegner/innen dies nicht sehen wollen, die Frauen nehmen im pornographischen Markt eine nicht unwesentliche Stellung ein. Neben den Darstellerinnen in den Filmen gibt es heute auch immer mehr Frauen, die pornographische und erotische Materialien produzieren. Neben erotischen Geschichten beginnen Frauen auch pornographische Filme von Frauen für Frauen herzustellen.

---

[63] Ebd.: S. 124.
[64] Vgl.: ebd.: S. 128.
[65] Vgl.: ebd.: S. 167.

Die Antipornographie-Fraktion versucht häufig eine Zensur dadurch zu rechtfertigen, dass sie angeben, Frauen, die in Pornos mitwirken oder für sexuell anschauliche Bilder posieren, werden auf irgendeine Art und Weise dazu gezwungen.[66] Ein Verbot von pornographischen Filmen, heißt nicht, dass keine Pornos mehr produziert werden. Die Produktion verschiebt sich möglicherweise in den Untergrund und dann hätten Frauen, die in der Pornobranche arbeiten, keinen Schutz mehr. Somit würden die Bestrebungen der Pornographiegegner/innen Frauen eher schaden als nutzen. Meiner Meinung nach gäbe es in der Pornoproduktion viel mehr Gewalt gegen Frauen, wenn diese im Untergrund arbeiten müssten und somit den Produzenten mehr oder weniger schutzlos ausgeliefert wären.

2.2. Ventiltheorie

Bei der Ventiltheorie ist die Bezugnahme auf die Pornographie ebenso wie bei der Spiegelungstheorie zentral, aber sie ist im Gegensatz dazu eher individualistisch oder subjektivistisch ausgerichtet.[67] Pornographie wird in dieser Theorie als etwas gesehen, was in der Realität nicht erreichbar ist. Sie wird zu einem Ersatz für etwas Fehlendes und wirkt somit als eine Art Ventil. Dabei gibt es zwei verschiedene Richtungen, die das Wirken beschreiben.

Die erste bezieht sich auf den allgemein bekannten stärkeren Trieb des Mannes. Die meisten Männer haben ein größeres Verlangen nach Sex als ihre Partnerinnen. In der Pornographie wird merkwürdigerweise trotzdem die Frau als immer geil und willig und als Verführerin des Mannes dargestellt, obwohl im wirklichen Leben meist der Mann das größere Verlangen nach Auslebung seines Triebes hat. Nun verwendet also der Mann, der mehr Sex benötigt als seine Partnerin, Pornographie als Ventil. Anstelle von Fremdgehen oder Besuchen bei Prostituierten, befriedigt der Mann seinen Trieb durch den Konsum von Pornos.

Als Erklärungen für die unterschiedliche Triebstärke bei Männern und Frauen führt Faulstich nun ein „biologisches und ein soziales Erklärungsmuster"[68] an.

---

[66] Vgl.: Strossen, Nadine: Zur Verteidigung der Pornographie. Für die Freiheit des Wortes, Sex und die Rechte der Frauen. Zürich: Haffmans Verlag 1997, S. 214.
[67] Vgl.: Faulstich, Werner: Die Kultur der Pornographie. Kleine Einführung in Geschichte, Medien, Ästhetik, Markt und Bedeutung. Bardowick: Wissenschaftler-Verlag 1994, S. 259.
[68] Faulstich, Werner: Die Kultur der Pornographie. Kleine Einführung in Geschichte, Medien, Ästhetik, Markt und Bedeutung. Bardowick: Wissenschaftler-Verlag 1994, S. 260.

Der biologische Ansatz beruft sich in seiner Erklärung auf die Tierwelt. Das Männchen muss bei den Tieren ständig dazu bereit sein, Nachwuchs zu zeugen. So findet man bei den Männchen eine hohe sexuelle Aktivität, die für die Arterhaltung unerlässlich ist. Das Weibchen hingegen kann sexuell weniger aktiv sein, da seine Aufgaben beim Austragen, Pflegen und Beschützen der Jungen liegen. Laut diesem Ansatz sind Reste dieses tierischen Triebverhaltens heute noch beim Menschen zu finden.

Der soziale Ansatz geht dagegen davon aus, dass die Unterschiede in der Stärke des sexuellen Triebes darin begründet liegen, dass die Sexualität von Frauen Jahrhunderte lang unterdrückt wurde. Frauen durften ihre Sexualität nicht so offen ausleben wie Männer und können ihre Triebe auch heute noch nicht annehmen und ausleben. Erst im Laufe der Zeit werden die Frauen lernen, ihre Sexualität und ihre Triebe zu leben, wie es die Männer schon immer konnten.

Die erste Beschreibung der Pornographie als Ventil beruft sich auf die unterschiedlich starken Triebe der Menschen. Pornographie wird ein Platz im Leben zur Befriedigung dieser Triebe geboten.

Die zweite Wirkungsweise der Ventiltheorie beschreibt Pornographie als Hilfsmittel zum Ausleben sexueller Handlungen, die in der Realität, aus welchen Gründen auch immer, nicht ausgelebt werden können. So werden durch den Konsum bestimmte Handlungen als real fantasiert. Allerdings bezieht sich die Ventilfunktion hier nicht nur auf unterschiedliche Stellungen, Partner, Praktiken,..., sondern auch auf Erlebnisweisen. Gemeint sind hier vor allem die „pornographischen Mythen"[69], die inhaltlich jeweils das Gegenteil von dem, was in der sexuellen Realität gelebt wird, verbreiten.

Ertel hat anhand einer Analyse von Filmmaterial die häufigsten dieser pornographischen Mythen herausgearbeitet:

1. „Instant-Verführungsfiktionen" und sexuelle „Veni-Vidi-Vici-Mythen": In 92 % aller pornographischen Publikationen führt jeder Annäherungsversuch des Mannes zum sofortigen Erfolg, Frauen werden dabei als immer bereit und sexuell unersättlich dargestellt.[70] Die Frauen sind an der Verführung nur passiv beteiligt, der aktive Part liegt allein bei den Männern. Von den weiblichen Darstellerinnen wird im Grunde genommen nichts anderes gewollt, als Sex mit je-

---

[69] Ertel, Henner: Erotika und Pornographie. Repräsentative Befragung und psychologische Langzeitstudie zu Konsum und Wirkung. München: Psychologie Verlags Union 1990, S. 94.
[70] Vgl.: ebd.: S. 94.

dem Mann zu haben, der sie, ist es auch noch so plump, anmacht. Alles läuft darauf hinaus, dass die Beteiligten nichts anderes wollen als sofort Sex miteinander zu haben, egal unter welchen Umständen.

2. „Fastfood-Sexualitäts-Fiktionen": In 94 % der ausgewählten Filme war der Mythos anzutreffen, dass sexuelle Kontakte ähnlich ablaufen wie der Imbiss in einem Fast-Food-Restaurant, nämlich schnell, problemlos und mit einer gewissen Erfolgsgarantie, außerdem kann davon ausgegangen werden, dass das Angebot in der nächsten Filiale nur geringfügig vom jetzigen abweicht.[71] Die Befriedigung der Frau durch den Mann erfolgt hier unproblematisch und quasi nebenbei. Sie ist selbstverständlich.

3. „Hypersexualität": In immerhin 87 % des begutachteten Materials nimmt die Hypersexualität eine wichtige Stellung ein.[72] Die Männer werden so dargestellt, als ob sie jederzeit für Sex bereit wären und immer nur auf eine passende, willige Partnerin warten. Die Frauen werden ebenfalls als immer bereit geschildert. Probleme wie Impotenz, die im realen Leben manchmal auftauchen, finden keinerlei Eingang.

4. Mythen sexueller Macht, Dominanz und Kontrolle: Immerhin 76 % der Filme enthalten diese Mythen, die oft mit Vorstellungen von Kontrollverlust einhergehen.[73] Eine wichtige Rolle nimmt hier die Präsentation des Penis ein. Vermittelt wird, dass jede Frau, die einen Penis sieht, sofort Sex haben möchte. Je größer der Penis, desto größer wird die weibliche Lust dargestellt. Dazu gehört auch die Ejakulation außerhalb des weiblichen Körpers, häufig ins Gesicht der Frau, aber auch auf andere Körperteile wie die Brust oder den Bauch. Fellatio wird immer etwas übertrieben dargestellt. Dieser Mythos stellt noch deutlicher die Fantasien der Männer dar, als die oben bereits erwähnten.

5. Sexuelle Kontrollverlust-Fiktionen: Immerhin noch über die Hälfte der Filme vermitteln den Eindruck, dass während sexueller Erregung oder Befriedigung

---

[71] Vgl.: ebd.: S. 94.
[72] Vgl.: ebd.: S. 97.
[73] Vgl.: Ertel, Henner: Erotika und Pornographie. Repräsentative Befragung und psychologische Langzeitstudie zu Konsum und Wirkung. München: Psychologie Verlags Union 1990, S. 98.

die sexuelle Selbstkontrolle teilweise aufgegeben oder ganz zurückgenommen wird.[74] Dieser Verlust der Kontrolle erfolgt ohne eigenes zutun, man ist komplett machtlos dagegen und es überkommt einen einfach. Man hat keine Verantwortung für das sexuelle Handeln, da man sich nicht dagegen sträuben kann.

6. Mythen sexueller Konventionsverletzung und Grenzüberschreitung: In nur knapp 20 % des Filmmaterials werden Handlungen dargestellt, die die gesellschaftlich verankerten sexuellen und moralischen Normen überschreiten. [75] Der Wunsch nach dieser Überschreitung geht meistens von den Männern aus, die weiblichen Darstellerinnen machen dabei ohne Bedenken oder Einwand jedes Spiel mit. Die Grenzüberschreitung wird nicht als Kontrollverlust dargestellt, sondern als bewusst Gewolltes.

7. Sexuelle Überwältigungs- und Vergewaltigungsmythen: Immerhin 13 % des Materials zeigen, wie Zwang und Gewalt zur Erreichung sexueller Ziele eingesetzt werden.[76] In den meisten dieser Darstellungen wird die Frau vom Mann vergewaltigt. Die Frau deutet in diesen Szenen an, dass sie sich insgeheim eine Vergewaltigung wünscht oder sie diese zumindest selbst provoziert hat. Dieser Mythos steht in krassem Gegensatz zur Realität. Viele Frauen haben zwar Vergewaltigungsphantasien, doch sind dies meist nur Vorstellungen, die nicht realisiert werden wollen.

Pornographie funktioniert durch diese Mythen als eine sexuelle Gegenrealität, die männliche Sexualphantasien widerspiegelt.[77] Pornographie arbeitet hier mit zwei dominanten Funktionen:

„erstens eine kompensative Funktion, d.h. Ersatz für etwas nicht Erreichtes oder Erreichbares; zweitens eine assertive Funktion, d.h. eine Rückversicherung und Korrektur erlebter Ängste, Verletzungen, Zurückweisungen oder Niederlagen, die in sexuelle Siege und Triumphe verkehrt werden."[78]

---

[74] Vgl.: ebd.: S. 100.
[75] Vgl.: ebd.: S. 102.
[76] Vgl.: ebd.: S. 103.
[77] Vgl.: Faulstich, Werner: Die Kultur der Pornographie. Kleine Einführung in Geschichte, Medien, Ästhetik, Markt und Bedeutung. Bardowick: Wissenschaftler-Verlag 1994, S. 262.
[78] Ebd.: S. 262.

Pornographie zeigt den Menschen Dinge sehr deutlich, die sie sonst nicht sehen können. Die Geschlechtsteile anderer Menschen während des Sexualaktes können beobachtet werden. Bei sich selbst hat man nicht die Chance so genau zu beobachten wie in Pornofilmen. Die natürliche Neugier und Schaulust des Menschen wird dadurch befriedigt.

Für Faulstich hat aber auch die Ventiltheorie nur teilweise Geltung. Er sieht die Pornographie als Verführungsstrategie, die Instrument eher für die Erregung als für die Befriedigung sexueller Lust ist.[79] Die Ventiltheorie ist also nicht vollständig, etwas fehlt, dass sie ihre volle Geltung erreichen kann. So sollte die Ventiltheorie etwas verändert und durch eine Stimulationstheorie erweitert werden. Pornographische Filme, die Formen des Geschlechtsverkehrs zeigen, die in der Realität nicht ausgelebt werden können, besitzen eine große Stimulationskraft auf manche Menschen.

Faulstich meint also, dass an Stelle einer früheren kultischen, didaktischen, manipulativen oder kritischen Funktion der Pornographie eine primär stimulative Funktion getreten ist, die unter den gegebenen Umständen beziehungsstabilisierend wirkt und somit sozial erwünscht ist.[80]

2.3. Korrelattheorie

Die Korrelattheorie zeigt die Verbindung zwischen subjektiver Bedürftigkeit und objektivem Bedarf nach Pornographie auf.[81] Die Attraktivität der Pornographie steigt mit der Reglementierung und Verdammung von Sexualität in unserer Gesellschaft immer mehr an. Ein Bild vom Geschlechtsleben des Menschen kann nur sowohl durch romantisierte Liebesromane mit jeglicher Aussparung des Geschlechtlichen als auch durch die Darstellung der Sexualität in der Pornographie entstehen. Gerade das Anrüchige, von dem die Pornographie umgeben wird und die Diskussionen darüber, machen das Genre so anziehend und interessant.

Faulstich vertritt die Meinung, dass, würde die Ausgrenzung der Wirklichkeit des Sexuellen aus der heutigen Kultur nicht stattfinden, die Pornographie nur ein Randphänomen ohne besondere Bedeutung wäre.[82] Wenn zum Beispiel in Liebesszenen

---

[79] Vgl.: ebd.: S. 263.
[80] Vgl.: ebd.: S. 264.
[81] Faulstich, Werner: Die Kultur der Pornographie. Kleine Einführung in Geschichte, Medien, Ästhetik, Markt und Bedeutung. Bardowick: Wissenschaftler-Verlag 1994, S. 264.
[82] Vgl.: ebd.: S. 266.

die Sexszenen nicht immer vollständig ausgeblendet werden, sondern durch eventuell andere Personen als die Schauspieler/innen, ähnlich der Stuntmänner/frauen in manchen Actionfilmen, durchgeführt werden, fänden Pornos wahrscheinlich bei weitem weniger Aufmerksamkeit als so. Ich stimme Faulstichs These nur teilweise zu. Ein großer Reiz an der Pornographie ist für viele Menschen sicherlich, dass diese heute in der Gesellschaft noch immer als etwas Anrüchiges gilt, dass sich „anständige" Menschen nicht anschauen bzw. dies zumindest auf keinen Fall zugeben. Ebenso ist es meiner Meinung nach nicht möglich, Sexszenen in Liebesfilmen explizit darzustellen. Tritt dieser Fall ein, fallen viele Spielfilme, die heute jugendfrei sind, unter Jugendverbot. Somit würden alle Filme, die die Liebesszenen nicht mehr verschleiert zeigen, enorme Gewinneinbußen haben, die sich negativ auf die gesamte Filmbranche auswirken.

2. 4. Resümee

Meine eigene Einstellung liegt irgendwo zwischen den drei feministischen Positionen. Folgend habe ich einige Punkte herausgearbeitet, die meiner Ansicht nach für und gegen Pornographie sprechen.

Argumente für Pornographie:

- Durch ein Verbot der Pornographie ist die für uns sehr wichtige Presse- und Redefreiheit nicht mehr gewährleistet.

- Pornographie führt meiner Meinung nach zu einer Senkung der Gewalt gegen Frauen. Pornographie wird meist in der Phantasie des Menschen gelebt. Ist die Phantasie befriedigt, müssen die sexuellen Vorstellungen und Wünsche, die jeder Mensch bewusst oder unbewusst in sich trägt, nicht in der Realität gelebt werden.

- Pornographie dient der sexuellen Anregung und Befriedigung. Paare können ihre Beziehung durch Pornographie beleben und ihr neues Feuer geben, Singles hingegen können sie zur sexuellen (Selbst-) Befriedigung verwenden.

- Pornographie bringt den Menschen verschiedene Praktiken näher. Sie regt dadurch die Phantasie an und kann wieder Positives für das Sexualleben der Menschen bringen.

- Das Verbot der Pornographie wäre eine Zensur eines in unserer Kultur schon seit langer Zeit verbreiteten Zweiges.
- Pornographie ist ein wichtiger Wirtschaftszweig, der oftmals in seiner Bedeutung unterschätzt wird. Darauf soll allerdings später noch genauer eingegangen werden.

Argumente gegen Pornographie:

- Wesentlich bei der Produktion von Pornofilmen ist die Darstellung der Geschlechtsteile. Der ejakulierende Penis und die immer feuchte Vagina sind die wohl wichtigsten Bilder im Pornofilm und bedeutende Beschreibungen in der pornographischen Literatur. Diese Reduzierung auf die Geschlechtsteile spricht für mich gegen die Pornographie, da ich mich selbst nicht nur als Vagina begreifen möchte, sondern als ganzer Mensch mit einem vollständigen Körper aus Fleisch und Blut.
- Unzweifelhaft werden Menschen bei der Herstellung von pornographischem Material teilweise ausgebeutet. Dies ist zwar auch in anderen Wirtschaftssektoren der Fall, wie beispielsweise der Herstellung von Kleidungsstücken durch Kinderarbeit, sollte aber nicht passieren können.
- Einige Zweige der Pornographie bringen das ganze Genre in Verruf. Dazu gehören unter anderem die Kinderpornographie, Snuff-Filme und sämtliche Darstellungen von Sodomie.
- Generell denke ich zwar, dass Pornographie Männer nicht zu Nachahmungstaten anregt, trotzdem kann in einigen Vergewaltigungsfällen die Verbindung zu Pornofilmen nicht geleugnet werden.
- Innerhalb der Branche kommt es immer wieder zu Zwang und Gewalt. Dies könnte in manchen Fällen vielleicht verhindert werden, wenn es eine Gewerkschaft für Pornodarsteller/innen gäbe. Als Paradebeispiel für Gewalt und Zwang lässt sich Linda Lovelace anführen, die ihrer eigenen Aussage nach zum Dreh des Pornofilms „Deep Throat" gezwungen wurde.
- An pornographisches Material zu kommen ist heute für Jugendliche trotz Altersbeschränkungen nicht weiter schwer. Problematisch daran ist, dass unerfahrene Jugendliche durch Pornofilme völlig falsche Vorstellungen von und Einstellungen zur menschlichen Sexualität bekommen können.

- Der Konsum pornographischen Materials kann ein Suchtverhalten auslösen, so dass immer mehr und immer härtere Filme angesehen oder immer härtere sexuelle Praktiken angewandt werden wollen.

Meiner Meinung nach hat Pornographie und deren Konsum sowohl positive als auch negative Aspekte zu bieten. Solange man allerdings den Blick auf die Realität nicht verliert und es schafft, Phantasie und Wirklichkeit zu trennen, überwiegt, denke ich, das Positive.

3. Pornographie in Literatur und Film

3.1. Pornographie in der neueren Literatur

3.1.1. Allgemeines zu Pornographie in der neueren Literatur

Da Pornographie heute in allen Medien präsent ist, haben sich für die einzelnen Genres unterschiedliche „Bauformen des Erzählens"[83] herauskristallisiert.

Die Ästhetik heutiger Pornographie
Bauformen des Erzählens

I: verbalsprachlich-literarische Pornographie
- Witz
- Reportage
- „Geständnis"/ „Bekenntnis"
- Kurzgeschichte
- Erzählung
- Roman

II: verbal-grafische Pornographie in der Text-Bild-Darstellung
- Text-Bild-Reportage
- Pornoheft
- Buchillustration/Fotoroman
- Comic

III: optische Pornographie
- Blatt
- Bild/Poster
- Foto, „Privatfoto"

IV: auditive Pornographie
- Lied
- Hörspiel

V: audiovisuelle Pornographie
- Spielfilm
- Videospielfilm
- Fernsehen

---

[83] Faulstich, Werner: Die Kultur der Pornographie. Kleine Einführung in Geschichte, Medien, Ästhetik, Markt und Bedeutung. Bardowick: Wissenschaftler-Verlag 1994, S.126.

VI: interaktive Pornographie
- Telefon
- Mailboxen
- Computerspiele

Abb. 1 (Faulstich, S. 127)

Im Folgenden werde ich hauptsächlich auf den Bereich der verbalsprachlich-literarischen Pornographie genauer eingehen und mich dabei auf Kurzgeschichte, Erzählung und Roman beschränken, da diese den größten Teil der verbalsprachlichen Pornographie ausmachen.

Faulstich führt vier formale Merkmale zur Skalierung an:

- nach dem Anteil der Beschreibung sexueller Handlungen selbst gegenüber der Beschreibung nicht unmittelbar sexueller Umstände;
- nach dem Verhältnis von Erzählzeit zu erzählter Zeit, d.h. der Raffungsintensität
- nach der sprachlichen Explizitheit und dem damit gegebenen Grad der Tabuverletzung; und
- nach der Ausführlichkeit bzw. Länge und der jeweiligen Szenenstrukturierung.[84]

Kurzgeschichten, Erzählungen und Romane lassen Platz für Phantasie außerhalb der Realität des Lesers. Trotzdem muss der Text mit seinen Handlungen und Figuren in sich selbst verständlich sein. Meistens ist die Frau die Verführerin, die von einer unersättlichen Lust besessen ist.

Pornographische Texte benutzen kaum Techniken der Verhüllung, Wünsche werden zumeist direkt dargestellt, doch die ästhetische Lust, die durch die Lektüre dieser Texte vermittelt wird, ist meist begrenzt.[85] Das wichtigste Ziel pornographischer Texte ist es, den Leser sexuell zu erregen. Um dies zu erreichen, muss die sexuelle

---

[84] Faulstich, Werner: Die Kultur der Pornographie. Kleine Einführung in Geschichte, Medien, Ästhetik, Markt und Bedeutung. Bardowick: Wissenschaftler-Verlag 1994, S. 135.
[85] Vgl.: Anz, Thomas: Literatur und Lust. Glück und Unglück beim Lesen. München: dtv 2002, 213.

41

Lust der Protagonisten so dargestellt werden, dass die Leser davon stimuliert werden.

Der Briefroman „Memoirs of a Woman of Pleasure" oder „Fanny Hill", verfasst von John Cleland im Jahre 1749, gilt als der erste pornographische Roman englischer Literatur.[86] Nach Veröffentlichung des Romans sprach sich die Kirche gegen eine weitere Verbreitung des Werks aus, das Buch wurde verboten. Erst in der 2. Hälfte des 20. Jahrhunderts durfte „Fanny Hill" wieder offiziell verkauft werden, in Australien ist es bis heute verboten. Fanny Hill schildert in den beiden Briefen des Romans einer Freundin ihr Leben als Londoner Prostituierte. Zu Beginn ihres Lebens in London verliebt sich Fanny in Charles, der allerdings auf Befehl seines Vaters aus geschäftlichen Gründen das Land verlassen muss. Die Hauptfigur findet schließlich Gefallen an ihrer Arbeit. Sie erbt durch eine glückliche Fügung des Schicksals ein Vermögen von einem reichen Kunden, Charles kehrt wieder zurück und heiratet Fanny, so dass sie ihre Karriere als Prostituierte beenden kann. Cleland gibt in seinem Werk sehr detaillierte Beschreibungen des männlichen Geschlechtsorgans. Ein anderes wichtiges Thema ist die Defloration, die immer mit einer Beinahe-Tötung verglichen wird.[87] In einer Szene wird bereits Homosexualität geschildert, allerdings wird sie sehr negativ beschrieben.

D.H. Lawrence hat nicht nur erotische Texte, sondern auch Essays über Pornographie, Obszönität, Liebe und Sexualität verfasst. Interessant für mich ist vor allem sein 1929 erschienener Essay „Pornographie und Obszönität". In vielerlei Hinsicht erscheint es mir heute zwar sehr veraltet zu sein, doch manche Punkte finde ich immer noch aktuell. Lawrence beginnt sein Essay mit einer Erklärung der Begriffe „Pornographie" und „Obszönität", wobei er zwei Bedeutungen unterscheidet, nämlich die für den Pöbel und die für den Einzelnen[88]. Jeder Mensch hat sowohl ein „Pöbel-Ich" als auch ein „individuelles Ich", doch welches der beiden überwiegt, kommt ganz auf den einzelnen Menschen an.

Auf jedes Wort kann bei jedem Individuum entweder eine Pöbel- oder eine individuelle Reaktion erfolgen. Es ist eine Sache des Individuums sich zu fragen: ‚Ist es meine Reaktion individuell, oder reagiere ich nur mit meinem Pöbel-Ich?' Wenn es sich um die sogenannten obszönen Wörter handelt, möchte ich behaupten, dass kaum ein Mensch aus einer Million

---

[86] Vgl.: Liebrand, Claudia/Schößler, Franziska: Fragmente einer Sprache der Pornografie. Die ‚Klassiker' Memoirs of a Woman of Pleasure (Fanny Hill) und Josefine Mutzenbacher. In: Entfesselung des Imaginären. Zur neuen Debatte um Pornographie. Zeitschrift für Interdisziplinäre Frauenforschung15 (2004), S. 107.

[87] Vgl.: ebd.: S. 112.

[88] Vgl.: Lawrence, D.H.: Pornographie und Obszönität. In: Lawrence, D.H.: Pornographie und Obszönität und andere Essays über Liebe, Sex und Emazipation. Zürich: Diogenes Verlag 1971, S. 19.

der Pöbel-Reaktion entgeht. Die erste Reaktion ist beinahe sicher eine Pöbel-Reaktion, eine Pöbel-Empörung, eine Pöbel-Verurteilung. Und weiter gelangt der Pöbel nicht. Aber das wahre Individuum denkt darüber nach und fragt sich: ‚Bin ich wirklich schockiert? Bin ich wirklich empört und beleidigt?' Und die Antwort eines jeden Individuums lautet bestimmt: ‚Nein ich bin nicht schockiert, nicht beleidigt, nicht empört. Ich kenne das Wort und nehme es als das, was es ist, und ich lasse mich nicht dazu verleiten, aus einer Mücke einen Elefanten zu machen – um kein Gesetz der Welt nicht!'[89]

Lawrence meint, dass das „Prüde-Tun" vor gewissen Wörtern eine weit verbreitete Pöbelgewohnheit ist und dass es Zeit wird, daraus aufgescheucht zu werden.[90] Heute sind wir aus dem „Prüde-Tun", denke ich, bereits aufgeschreckt. Gewisse Wörter, die in der Zeit Lawrence noch als obszön gegolten haben, sind in unserem modernen Sprachgebrauch gang und gäbe. Gerade in der Jugendsprache werden Wörter wie „Fuck", „Schlampe",… und Phrasen wie „Fick dich",… ohne nachzudenken verwendet.

Der nächste Punkt, der im Essay behandelt wird, ist der Begriff Pornographie. Zunächst einmal Lawrence Definition von Pornographie:

Was ist denn nun Pornographie nach alledem? Es ist weder Sex-Appeal noch geschlechtliche Erregung durch die Kunst. Es ist nicht einmal die vorsätzliche Absicht des Künstlers, sexuelle Erregung zu wecken oder zu erregen. […] Pornographie ist der Versuch, das Geschlecht zu beleidigen und mit Schmutz zu bewerfen. […] Sobald sich zu dem geschlechtlichen Anreiz der Wunsch gesellt, das geschlechtliche Gefühl zu verletzen und zu erniedrigen und zu entwürdigen, stellt sich das Merkmal der Pornographie ein. Daher zeigen sich fast in der gesamten Literatur des neunzehnten Jahrhunderts pornographische Züge.[91]

Die Aussage, dass sich beinahe in der gesamten Literatur des 19. Jahrhunderts pornographische Züge zeigen, wage ich zu bezweifeln. Lawrence Meinung über die Pornographie stellt sich hier als sehr negativ dar. Pornographie wird als schmutzig und beleidigend bezeichnet, jegliche Art von Kunst wird ihr abgesprochen. Ich denke nicht, dass man so hart über die Pornographie urteilen sollte. Im Grunde ist sie doch ein Genre, wie jedes andere auch. Und wie bei jedem anderen Genre gibt es auch hier Menschen, denen es gefällt und die davon angezogen werden, sowie Menschen, die es ablehnen. Keiner wird dazu gezwungen, Liebesfilme á la Rosamunde Pilcher zu konsumieren, ebenso muss sich niemand Pornos oder Erotikfilme ansehen.

---

[89] Lawrence, D.H.: Pornographie und Obszönität. In: Lawrence, D.H.: Pornographie und Obszönität und andere Essays über Liebe, Sex und Emazipation. Zürich: Diogenes Verlag 1971, S. 21.
[90] Vgl.: ebd.: S. 22.
[91] Ebd.: S. 25-29.

Lawrence sieht das ganze Problem der Pornographie als eine Frage der Verheimlichung, er meint, dass es ohne Verheimlichung keine Pornographie gäbe.[92] Diese Einstellung hat eine gewisse Ähnlichkeit mit der oben angeführten Korrelattheorie, die davon ausgeht, dass allein die Ausblendung des Sexuellen aus der Wirklichkeit die Pornographie zu einem bedeutenden kulturellen Phänomen macht. Wäre Pornographie sowie die direkte Darstellung alles Geschlechtlichen nicht aus unserer Kultur verpönt, bliebe sie laut dieser Theorie nur ein Randphänomen, dem keine besondere Bedeutung zukommen würde.

Von der Pornographie leitet Lawrence über zur Onanie, die er als das „einzige unbedingt verheimlichte Tun des Menschen"[93] bezeichnet. Die Onanie wird hier als das schlimmste aller Laster, als nicht zu entschuldigende Sünde und als höchst unnatürlich dargestellt. Die Onanie wird als so abartig und gefährlich gesehen, da:

Die große Gefahr der Onanie liegt in ihrer lediglich erschöpfenden Natur. Beim Geschlechtsverkehr handelt es sich um ein Geben und Nehmen. Ein neuer Anreiz taucht auf, wenn der eigene Anreiz verebbt. […] Bei der Onanie aber gibt es nichts als Verlust. Es ist keine Gegenseitigkeit da, sondern nur das Vergeuden der eigenen Kraft und keine Gegenleistung. Nach dem Akt der Selbstbefriedigung bleibt der Körper gewissermaßen als Leichnam zurück.[94]

Diese Einstellung zur Selbstbefriedigung wurde in den 60-er Jahren in Österreich noch im Religionsunterricht gelehrt. Heute würde ich dies jedoch als veraltet bezeichnen. Selbstbefriedigung ermöglicht es, Jugendlichen ihre eigene Sexualität und ihre Vorlieben zu erkunden und somit den eigenen Körper besser kennen zu lernen. Ich denke, Onanie wird heute bereits als etwas Natürliches gesehen, über das in einigen Jahren vielleicht noch offener gesprochen werden kann, als dies zurzeit der Fall ist. Doch vielleicht sind wir heute schon in dem Zustand allgemeiner Verblödung angekommen, zu dem die partnerlose Onanie laut Lawrence führt, und wissen nicht mehr, wie verwerflich Selbstbefriedigung eigentlich ist, da sie uns alle bereits zu Idioten gemacht hat.[95]

Ein wichtiges österreichisches Werk ist „Josefine Mutzenbacher". Erschienen ist das Werk erstmals 1906 in Wien. Der Verfasser ist unbekannt, als Autor vermutet wird allerdings Felix Salten, der durch das von Disney verfilmte Kinderbuch „Bambi" be-

---

[92] Vgl.: Lawrence, D.H.: Pornographie und Obszönität. In: Lawrence, D.H.: Pornographie und Obszönität und andere Essays über Liebe, Sex und Emazipation. Zürich: Diogenes Verlag 1971, S 30.
[93] Vgl.: ebd.: S, 32.
[94] Ebd.: S. 34.
[95] Vgl.: ebd.: S. 49.

rühmt wurde.[96] Die Wiener Prostituierte Josefine Mutzenbacher erzählt in dem Werk ihre Erinnerungen. Sie beschreibt ihre Beobachtungen vom Geschlechtsverkehr anderer Personen, ebenso wie ihre eigenen Anfänge als Prostituierte.

Charles Bukowski ist wesentlich für die pornographische Literatur des 20. Jahrhunderts, da er sie quasi salonfähig gemacht hat. Bukowski wuchs in Los Angeles in ärmlichen Verhältnissen auf. Sein Vater war Alkoholiker, hat seine Frau ständig mit anderen betrogen und war gegenüber seinem Sohn höchst gewalttätig.[97]

Bukowskis Leben ist durchzogen von vielen wechselnden Jobs und Frauen, Alkohol, Sex und seinem Schreiben. In späteren Jahren hat er versucht, nur durch sein Schreiben zu überleben. Im Jahr 1994 ist Bukowski schließlich an Leukämie gestorben. Sein teilweise autobiographisches Werk handelt von Menschen, die am Rande der amerikanischen Gesellschaft stehen. Er nimmt sich in seinem Werk kein Blatt vor den Mund, teilweise sind seine Erzählungen obszön und pornographisch. Verfasst hat er unter anderem „Fuck Machine", „Jeder zahlt drauf", „Das Schlimmste kommt noch oder Fast eine Jugend",…, um nur einige seiner bekanntesten Werke zu nennen.

Momentan ist der französische Autor Michel Houellebecq in aller Munde. Neben Kritik an der gegenwärtigen westlichen Konsumgesellschaft ist die sexuelle Frustration eines der wichtigsten Themen seiner Romane.[98] In seinem Werk werden Sexszenen regelmäßig recht ausführlich beschrieben. Auch das Thema des Sadomasochismus findet Eingang in sein Werk, allerdings kann man seine eher negative Einstellung gegen diese sexuelle Varietät recht deutlich erkennen. Sein bekanntester Prosaroman ist wahrscheinlich „Elementarteilchen", aber auch die Romane „Plattform" und „Die Möglichkeit einer Insel" erfreuen sich momentan großer Beliebtheit.

Neben Houellebecq und Bukowski gibt es noch eine Reihe anderer Autoren, die pornographische und sexuelle Elemente in ihr literarisches Werk einfließen lassen, wie zum Beispiel Nancy Friday, …

Für Susan Sontag ist literarische Pornographie ein Genre, das man mit anderen etwas problematischen Untergattungen der Literatur, wie zum Beispiel der Science-

---

[96] Vgl.: Liebrand, Claudia/Schößler, Franziska: Fragmente einer Sprache der Pornografie. Die ‚Klassiker' Memoirs of a Woman of Pleasure (Fanny Hill) und Josefine Mutzenbacher. In: Entfesselung des Imaginären. Zur neuen Debatte um Pornographie. Zeitschrift für Interdisziplinäre Frauenforschung15 (2004), S. 116.
[97] Vgl.: http://de.wikipedia.org/wiki/Charles_Bukowski , S. 1.
[98] Vgl.: http://de.wikipedia.org/wiki/Michel_Houellebecq, S. 1.

fiction, gleichsetzen kann.[99] Mit ihrem Essay „Die pornographische Phantasie" aus dem Jahr 1967 versucht sie meiner Meinung nach der pornographischen Literatur einen Platz innerhalb der Literatur zu sichern. Sontag unterscheidet drei Arten der Pornographie, nämlich Pornographie als Gegenstand der Sozialgeschichte, Pornographie als psychologisches Phänomen und drittens, Pornographie innerhalb der Kunst, vor allem die literarische Pornographie.[100] In der Literatur erfolgt eine Beschäftigung mit pornographischen Texten, die einen hohen literarischen Wert haben, wenn überhaupt, dann nur am Rande. Sontag versucht nun mit ihrem Essay aufzuzeigen, dass sehr wohl literarische Texte mit pornographischem Inhalt existieren, wenn es auch nur einige wenige sind. Besondere Behandlung finden in diesem Essay „Die Geschichte der O" von Pauline Réage, George Batailles „Geschichte des Auges" und „Madame Edwarda" sowie Jeanne de Bergs „L'image". Für Vergleiche bzw. genauere Ausführungen werden immer wieder die Werke de Sades herangezogen.

Als Vergleich für pornographische Literatur wird die Sciencefiction herangezogen, die ebenso wie die Pornographie einige Werke von hoher literarischer Qualität hervorgebracht hat. Wird über Pornographie gesprochen, beschäftigt man sich zumeist nur mit Pornographie in Sozialgeschichte, Psychologie oder als gesellschaftliches Phänomen.

> Natürlich leugnet niemand, dass die Pornographie insofern ein Zweig der Literatur ist, als sie die Form gedruckter Romane haben kann. Über diese triviale Übereinstimmung hinaus freilich wird nichts zugestanden. Die Art, wie die meisten Kritiker das ‚Wesen' der Prosaliteratur deuten, muss, ebenso wie ihre Vorstellung vom ‚Wesen' der Pornographie, das pornographische Werk zwangsläufig in einen Gegensatz zur Literatur bringen. Das pornographische Buch wird als ein Buch definiert, das nicht zur Literatur gehört (und umgekehrt); daraus folgt, dass kein Anlass zu einer Untersuchung dieses Buches besteht.[101]

Im Folgenden führt Sontag einige Argumente an, die gegen die Zugehörigkeit der Pornographie zur Literatur sprechen würden, um diese danach durch Beispiele zu widerlegen:[102]

- Ein Argument gegen die Zugehörigkeit pornographischer Werke zur Literatur spricht an, dass das einzige Ziel pornographischer Werke die sexuelle Erre-

---

[99] Vgl.: Jurgensen, Manfred: Beschwörung und Erlösung. Zur literarischen Pornographie. Bern, Frankfurt am Main, New York: Peter Lang 1985, S.182.
[100] Vgl.: Sontag, Susan: Die pornographische Phantasie. In: Sontag, Susan: Kunst und Antikunst. 24 literarische Analysen. Frankfurt am Main 8 2006, S. 48-87, S. 48.
[101] Ebd.: S. 51.
[102] Vgl.: ebd.: S. 52.

gung des Lesers sei und dies einen krassen Gegensatz zu den komplexen Funktionen der Literatur bildet. Jedes literarische Werk hat viele verschiedene Intentionen, während pornographische Schriften nur eine haben.

- Ein weiteres Argument ist, dass die Form pornographischer Werke nicht durch Anfang, Mitte und Schluss gekennzeichnet ist, die „echte" Literatur aufweist. Dies wird unter anderem von Adorno vertreten.

- Pornographie hat kein Interesse an den verwendeten Ausdrucksmitteln, da die Sprache nur als Mittlerrolle auftritt.

- Das letzte und wohl wichtigste Argument:

> Der Gegenstand der Literatur ist etwas, das man ‚das Menschliche' nennt, das heißt die Beziehung menschlicher Wesen zueinander, ihre komplexen Empfindungen und Emotionen; die Pornographie hingegen zeichnet sich durch eine Geringschätzung detaillierter Charakterisierung (Psychologie und Schilderung der sozialen Umwelt) aus, ist blind für die Frage der Motive und ihrer Glaubwürdigkeit und beschränkt sich auf die Wiedergabe unmotivierter und endloser Verrichtungen entpersönlichter Organe. Hielte man sich schlicht an die Vorstellungen vom Wesen des literarischen Werks, die die Mehrzahl der englischen und amerikanischen Kritiker von heute hegt, so müsste man zu dem Schluss kommen, dass der literarische Wert der Pornographie gleich Null ist.[103]

Auf „Die Geschichte der O" trifft keiner der hier angeführten Punkte zu. Weder ist die sexuelle Erregung die einzige Intention des Werks noch ist die Sprache nur als Mittlerrolle anzutreffen. Ebenso besitzt der Roman Anfang, Mitte und Schluss und die Figuren besitzen sowohl Emotionen als sie auch als vollständige Figuren gezeichnet sind.

Pornographie ist nicht realistisch, sie entspringt der menschlichen Phantasie. Doch trifft dies auf viele Werke der Weltliteratur zu. Sontag meint hierzu:

> Da es kaum wahrscheinlich ist, dass die Mehrzahl der zeitgenössischen Kritiker ernsthaft daran denkt, alle Prosatexte, die nicht realistisch sind aus dem Reich der Literatur zu verbannen, drängt sich der Verdacht auf, dass bei der Beurteilung sexueller Themen besondere Maßstäbe gelten.[104]

Sexualität, wie sie in der Pornographie dargestellt wird, ist im Gegensatz zur Realität stark übertrieben. Doch genauso wenig existieren die in der Sciencefiction geschilderten Planeten mit ihren Bewohnern in der Realität. Allerdings kann dies den beiden Genres nicht ihren Platz innerhalb der Literatur nehmen.

---

[103] Sontag, Susan: Die pornographische Phantasie. In: Sontag, Susan: Kunst und Antikunst. 24 literarische Analysen. Frankfurt am Main 8 2006, S. 48-87, S. 52.
[104] Ebd.: S. 59.

Pornographische Literatur kann mit Werken verglichen werden, die religiöse Ekstase beschreiben. Pornographie will auf dieselbe Art erregen wie Bücher, die außergewöhnliche religiöse Erfahrungen beschreiben, den Menschen zum Glauben bringen wollen.[105]

Im Folgenden begründet Sontag, wieso „Die Geschichte der O" und „L'image", die beide pornographische Werke sind, ihrer Meinung nach der hohen Literatur angehören. Einerseits sieht sie die Zugehörigkeit durch die Beschaffenheit der verwendeten Sprache begründet. Auffallend ist die Anknüpfung der „Geschichte der O" an das Werk des Marquis de Sade sowie an die Neuinterpretation Sades nach dem 2. Weltkrieg.[106] Eine der Ebenen, auf denen der Roman arbeitet, erweckt den Eindruck, dass die Geschichte nicht so sehr Pornographie ist, als dass sie Metapornographie ist.[107] Doch auch eine Parodie der Pornographie ist Pornographie, die Parodie ist ein Stil, der in vielen pornographischen Schriften auftritt.

Die Werke des Marquis de Sade sind zwar bekannter und wohl auch typischer für die Pornographie, doch ist „Die Geschichte der O" ebenfalls ein nicht unbedeutendes Werk. „O" besitzt im Gegensatz zu den meisten pornographischen Figuren einen gewissen eigenen Willen, trotzdem sie eine passive Rolle innehat. Sontag vergleicht nun die Figuren der Pornographie mit denen der Komödie. Sie sieht Gemeinsamkeiten zwischen den sexuellen Objekten der Pornographie und den Trägern des Humors in der Tragödie.[108] Gemeinsam ist, dass bei beiden Typen von Figuren nur das Äußere Beachtung findet, wobei das Innere außen vor bleibt. Was in der Komödie das Lachen des Lesers provoziert, löst in der Pornographie sexuelle Erregung hervor und spricht den Voyeurismus des Konsumenten an.

Abschließend zu diesem Teil des Essays stellt Sontag folgende These auf:

Vielleicht wäre es lohnend, von der These auszugehen, dass die Pornographie als literarische Form entweder einem der Tragödie entsprechenden Aufbau folgt (Historie d'O), bei dem das erotische Subjekt-Opfer unweigerlich dem Tod entgegengeht, oder aber einem Aufbau, der der Komödie entspricht (L'image), und bei dem das besessene Streben nach dem sexuellen Erlebnis am Ende mit einer Befriedigung belohnt wird: der Vereinigung mit dem über alles begehrten sexuellen Partner.[109]

---

[105] Vgl.: Sontag, Susan: Die pornographische Phantasie. In: Sontag, Susan: Kunst und Antikunst. 24 literarische Analysen. Frankfurt am Main 8 2006, S. 48-87, S. 61.
[106] Vgl.: ebd.: S. 63.
[107] Vgl.: ebd.: S, 65.
[108] Vgl.: ebd.: S. 68.
[109] Ebd.: S. 73.

„Die Geschichte des Auges" und „Madame Edwarda" beschäftigen sich mit dem sexuellen Trieb und dessen Befriedigung. Sontag führt als Grund für die erregende Wirkung der beiden Werke an, dass Bataille erkannt hat, dass die Pornographie sich nicht mit dem Sexuellen, sondern mit dem Tod beschäftigt.[110] Die Autorin möchte damit jedoch nicht sagen, dass Pornographie sich immer um den Tod drehen muss. Sie sieht nur das wahrhaft obszöne Streben auf die Befriedigung im Tod gerichtet.[111] Bataille stellt eine heimliche Beziehung zwischen starken erotischen Erfahrungen mit dem Tod her. Ich würde dies so verstehen, dass das menschliche Begehren einer Endlosschleife gleicht, deren einzige und wahre Erfüllung nur im Tod liegen kann. Der Trieb des Menschen erwacht immer wieder, das Begehren muss stets aufs Neue befriedigt werden. Kaum ist der Trieb befriedigt, erwacht er neuerlich und möchte wiederum befriedigt werden. So können Begierde und Trieb keine wahre Befriedigung im Leben erlangen, da sie einer Endlosschleife gleichen. Die einzige, wahre und absolute Erfüllung kann deshalb nur im Tod erreicht werden.

Bemerkenswert an Bataille ist auch die Art, wie er das Ende in seinen pornographischen Werken setzt, da es ja eines der literarischen Probleme der Pornographie ist. Der Schluss erfolgt in seinem Werk stets abrupt. Abruptheit ist ein wichtiges Element der Phantasie mit der Pornographie arbeitet. Sontag sieht in der „Geschichte des Auges" deutlich die ästhetischen Möglichkeiten der Pornographie als Kunstform und bezeichnet dieses Werk als künstlerisch vollkommensten pornographischen Roman.[112]

In viele sowohl erotische als auch pornographische Werke finden religiöse Metaphern Eingang. Besonders deutlich wird dies in der „Geschichte der O". Die Foltern, die O über sich ergehen lässt, werden wie eine rituelle Prüfung dargestellt. Die vollkommene Unterwerfung unter die Liebhaber gleicht der Unterwerfung der Jesuiten-Novizen, die in den Orden eintreten.

Abschließend versucht Sontag die Ursachen für die Entwicklung der heutigen Pornographie zu finden:

Die vielleicht tiefste geistige Ursache für die Entwicklung der Pornographie in ihrer „modernen" westlichen Phase, um die es hier geht, ist die weitgehende Frustration der menschlichen Leidenschaft und Ernsthaftigkeit, seit im späten 18. Jahrhundert die alte religiöse

---

[110] Vgl.: Sontag, Susan: Die pornographische Phantasie. In: Sontag, Susan: Kunst und Antikunst. 24 literarische Analysen. Frankfurt am Main 8 2006, S. 48-87, S. 74.
[111] Vgl.: ebd.: S. 74.
[112] Vgl.: ebd.: S. 80.

Phantasie und ihre bis dahin unangefochtene Bedeutung als alleinige Phantasie zu verfallen begann. [113]

Der bedeutende slowenische Philosoph Slavoj Žižek hat in seinem umfassenden Werk unter anderem auch über die Pornographie gesprochen. Žižek bezeichnet die Pornographie als Genre, das dazu bestimmt ist, die spontanste aller menschlichen Aktivitäten darzustellen.[114] Zugleich ist die Pornographie für den Autor aber auch die bis in die intimsten Details am meisten kodifizierte Ausdrucksweise, wie er zum Beispiel an den vier kodifizierten Ausdrucksarten der Schauspielerin während des Verkehrs zeigt:[115]

1. Indifferenz, angezeigt durch ignorantes gelangweiltes Starren ins Leere, Kaugummikauen, Gähnen…;
2. die „instrumentelle" Haltung, als ob das Subjekt mitten in einer schwierigen Aufgabe wäre, welche höchste Konzentration erforderte: die Augen gesenkt, dorthin gerichtet, wo es sich abspielt, die Lippen aufeinander gepresst, was konzentrierte Anstrengung signalisiert…;
3. das provokative Starren in die Augen des männlichen Partners mit der Botschaft: „Gib's mir! Ist das alles, was du bringen kannst?";
4. ekstatische Verzückung mit halb-geschlossenen Augen.

Wichtig ist bei Žižek auch, dass die Einheit des Körpers aufgelöst wird. Die Körper der Schauspieler werden nicht als Einheiten wahrgenommen, sondern als Partialobjekte.

Diese Verwandlung des Körpers in eine Vielzahl von desubjektivierten Partialobjekten ist vollendet, wenn zum Beispiel eine Frau mit zwei Männern im Bett ist und mit dem einen Fellatio praktiziert, aber nicht lutscht, sondern flach auf dem Bett liegt und ihren Kopf über die Bettkante nach unten in der Luft hängen hat – wenn der Mann sie penetriert, ist ihr Mund über ihren Augen, das Gesicht steht Kopf, und der Effekt ist der einer unheimlichen Verwandlung des menschlichen Gesichts, dem Sitz der Subjektivität, in eine Art unpersönliche Saugmaschine, die vom Penis des Mannes vollgepumpt wird. Der andere Mann bearbeitet inzwischen ihre Vagina, welche auch höher als ihr Kopf gehoben ist und somit ein autonomes, nicht dem Kopf subordiniertes, Zentrum der jouissance behauptet. Der Körper der Frau wird folglich in eine Vielzahl von „körperlosen Organen", Maschinen der jouissance, transformiert, während die Männer, welche an ihnen arbeiten, ebenso desubjektiviert, instrumentalisiert, werden, auf Arbeiter reduziert, die die unterschiedlichen Partialobjekte bedienen.[116]

---

[113] Sontag, Susan: Die pornographische Phantasie. In: Sontag, Susan: Kunst und Antikunst. 24 literarische Analysen. Frankfurt am Main 8 2006, S. 48-87, S. 84.
[114] Vgl.: Žižek, Slvoj: Die Pest der Phantasmen: Die Effizienz des Phantasmatischen in den neuen Medien. Wien: Pasaagen-Verlag: 1997, S. 167.
[115] Ebd.: S.167-168.
[116] Ebd.: S. 173.

3.1.2. Pornographie und Sexualität in der Literatur von Autorinnen

Interessant ist es zu betrachten, wie das Thema Sexualität und Pornographie in der Literatur von Autorinnen behandelt wird.

Wichtig für die Idee des weiblichen Schreibens sind die beiden französischen Theoretikerinnen Cixous und Irigary, die an den Diskussionen in der feministischen Literaturwissenschaft, die seit den 70-er Jahren des 20. Jahrhunderts in der Neuen Frauenbewegung stattfinden, maßgeblich beteiligt waren.[117] Eines der Ziele der Bewegung war die Befreiung der weiblichen Sexualität. In den 70-er Jahren wird die Sexualität auch in der Literatur von Frauen thematisiert. Allerdings wird das Thema der ewigen Liebe aus der Befassung mit der Sexualität immer mehr ausgespart bzw. kritisiert.

Hierher gehört es, denke ich, auch die Feministischen Literaturtheorien und ihre Geschichte zumindest kurz zu skizzieren. Anna Babka sieht die Anfänge der feministischen Theoriebildung vor allem eng mit der Politik verknüpft, als erstes Ziel sieht sie

„durch die kritische Analyse von Diskriminierungsstrukturen Bewusstseinsarbeit hinsichtlich der Marginalisierung von Frauen im literarischen Bereich zu leisten".[118]

Die erste Frauenbewegung agierte im späten 19. und frühen 20. Jahrhundert und konnte vor allem Erfolge wie das Wahlrecht und das Recht der Frauen auf Bildung durchsetzen, Simone de Beauvoir bildet den Schlusspunkt der ersten Frauenbewegung und gleichsam aber auch eine Überleitung zur zweiten Frauenbewegung, die für die Gleichstellung der Frauen in der Arbeitswelt, gegen das Patriarchat und den Sexismus,… kämpft.[119] Um die Mitte des 20. Jahrhunderts bilden sich nicht nur in den USA und England feministische Bewegungen heraus, sondern auch in Italien und Deutschland wird begonnen, gegen die ungleiche Behandlung der Frauen zu kämpfen. Zu dieser Zeit lassen sich laut Babka zwei grundlegende Positionen festmachen, an Hand derer sich die verschiedenen feministischen Strömungen entwickelten:

---

[117] Vgl.: Neissl, Julia: Tabu im Diskurs. Sexualität in der Literatur österreichischer Autorinnen. Innsbruck; Wien; München: Studienverlag: 2001, S. 21.
[118] Babka, Anna: Feministische Literaturtheorien. In: Sexl, Martin (Hg.): Einführung in die Literaturtheorie. Wien WUV 2004, S. 191.
[119] Vgl.: ebd.: S.191.

Die eine geht von der grundsätzlichen Gleichheit der Geschlechter aus (equality), die zweite von einer unhintergehbaren Differenz (difference), die entweder biologisch begründet wird (biologischer Determinismus; Essentialismus) oder als kulturell bzw. sozial konstruiert betrachtet wird (Konstruktivismus).[120]

In Amerika entwickeln sich um die Mitte des 20. Jahrhunderts verschiedene Forschungsrichtungen und Strömungen aus dem Differenzfeminismus heraus, die mit ihren Arbeiten in etwas verschiedene Richtungen gehen. Eine dieser Richtungen ist der Feminist Critique, der unter anderem durch Kate Milett, Judith Fetterley und Mary Ellman vertreten wird. Hauptaugenmerk dieser Gruppe liegt in der Relektüre von Texten, die von Männern verfasst wurden und der Erforschung der Bilder von Weiblichkeit, die durch diese Werke vermittelt werden.[121] Eine andere Strömung nennt sich Gynocriticism und wird vertreten durch Elaine Showalter, Sandra Gilbert, Susan Gubar u.a. Bearbeitet wird hier vor allem von Frauen geschriebene Literatur. Wichtig sind hier die weiblichen Erfahrungen in der Frauenliteratur sowie die Fragen nach einer weiblichen Ästhetik.[122] Die dritte Strömung, die zu dieser Zeit in Amerika vorherrscht, nennt sich feministischer Empirismus, die gelesenen Texte werden hier autobiographisch interpretiert.

In Frankreich entwickelt sich der Differenzfeminismus in eine etwas andere Richtung als in Amerika. Hier erfolgt die Entwicklung in Abhängigkeit von Jacques Derridas Dekonstruktivismus und Jacques Lacans psychoanalytischen Theorien. Allerdings werden diese Theorien nicht einfach adaptiert, sondern kritisch hinterfragt und für die eigenen Bedürfnisse umgewandelt. Ausgegangen wird davon, dass Identität als etwas gesehen werden muss, das durch Sprache und Diskurse erzeugt und mitgeteilt wird.[123] Es wird also davon ausgegangen, dass Identität keine starre Komponente sondern etwas Veränderbares ist. Wichtig für das Verständnis dieser Theorie ist meiner Meinung nach vor allem folgende Aussage:

Die Theorie der sexuellen Differenz unterschiedet sich von Differenztheorien, die den Geschlechtsunterschied betonen und festschreiben, dadurch, dass das Weibliche nicht definitiv festgelegt werden kann und soll, bzw. dadurch, dass dem Weiblichen, wie jeder anderen Definition von Identität, selbst ein Moment der Vielfalt und nicht fixierbaren oder definitiv bestimmbaren Differenz zugeschrieben wird.[124]

---

[120] Babka, Anna: Feministische Literaturtheorien. In: Sexl, Martin (Hg.): Einführung in die Literaturtheorie. Wien WUV 2004, S. 194.
[121] Vgl.: ebd.: S. 195.
[122] Vgl.: ebd.: S. 195.
[123] Vgl.: ebd.: S. 198.
[124] Ebd.: S. 198.

Bekannte Vertreterinnen der Theorien sexueller Differenz sind in Frankreich unter anderem Kristeva, Irigaray und Cixous. Interessant ist für meine Arbeit vor allem die Frage wie die Frau sprechen können soll, wenn sie keinen eigenen Zugang zur Sprache hat, außer über das von Männern geprägte System; als Lösung finden die Theoretikerinnen die Möglichkeit dieses System zu dekonstruieren, wofür sie das Modell von Derrida anpassen und weiterentwickeln.[125] Die Sprachlosigkeit der Frau in einem von Männern bestimmten System ist vor allem in Elfriede Jelineks Text „Lust" von großer Bedeutung. Gerti, die Hauptprotagonistin in diesem Text leidet enorm an diesem Fehlen einer eigenen Sprache. Und ist nicht Jelinek selbst daran gescheitert einen weiblichen Porno zu schreiben, da sie keine weibliche Sprache der Sexualität finden konnte?

Die Arbeit der französischen Theoretikerinnen bleibt im amerikanischen Raum nicht unbeachtet. Die theoretischen Positionen verändern sich in Amerika ebenfalls, wenn auch teilweise in entgegengesetzte Richtungen wie in Frankreich. Prägend für die Entstehung eines nordamerikanischen Feminismus waren vor allem Mary Jacobus, Shishana Felman, Barbara Johnson und Gayatri Chakravorty Spivak mit ihrem Programm einer „Gender Theory and Yale School".[126] Die Bildung der Theorien erfolgt in Anlehnung an Kristeva, Cixous und Irigaray sowie an Paul de Mans Dekonstruktion. Paul de Man hat eine eigene Lektürepraxis entwickelt, bei der es ihm um eine Entfaltung von Aporien, also von Unentscheidbarkeiten zwischen rhetorischen und literalen Ebenen eines Textes geht.[127] Er geht davon aus, dass eine grammatikalische Konstruktion nie nur eine einzige Bedeutung hat, sondern mindestens zwei verschiedene, die einander aber ausschließen.

In den 1980er und 1990er Jahren kommt es innerhalb der feministischen Theorien zu zahlreichen Differenzierungen. Theorien in Anlehnung an die feministischen Theorien entstehen, wie zum Beispiel die Gender Studies, Gay and Lesbian Studies, Queer Studies und der Black Feminism. Die Amerikanerin Gayle Rubin war für die Entwicklung der Gender Studies von großer Bedeutung, wichtig war vor allem, dass sie die Begriffe „sex" und „gender" für die Gesellschaftsanalyse nutzbar machte.[128]

---

[125] Vgl.: Babka, Anna: Feministische Literaturtheorien. In: Sexl, Martin (Hg.): Einführung in die Literaturtheorie. Wien WUV 2004, S. 200.
[126] Vgl.: ebd.: S. 207.
[127] Vgl.: ebd.: S. 207.
[128] Vgl.: ebd.: S. 214.

Eine ebenfalls sehr bekannte Theoretikerin, die sich mit Gender und Queer Studies beschäftigt, ist Judith Butler. Sie vertritt die Meinung, dass nicht nur „gender" konstruiert wird, sondern auch „sex".

Der Black Feminism kann keinesfalls als eine homogene Forschungsrichtung gesehen werden. Die Theoretikerinnen haben jedoch durchaus ein gemeinsames Ziel, nämlich der durch die weiße Mittelschicht geprägten Literatur mit einem eigenen Diskurs entgegenzuwirken und zugleich auch die Literatur afrikanisch-amerikanischer Autorinnen sichtbar zu machen.[129]

Die Queer Studies bzw. die Gay and Lesbian Studies haben das Ziel, der so genannten heterosexuellen Norm entgegenzuwirken.

Abschließend beschäftigt sich Babka in ihrem Essay mit der deutschsprachigen Rezeption der obigen Theoriemodelle. Zusammenfassend kann gesagt werden, dass der Theoriediskurs im deutschsprachigen Raum erst sehr viel später Bedeutung findet, als dies in Amerika der Fall war.

In der Zeit um 1900 gibt es bereits eine Reihe von Autorinnen, die sich mit Themen wie Kampf um Berufsausbildung, weibliche Sexualität und geschlechterkritischen Komponenten befassen.[130] Zum Teil sind diese Autorinnen noch heute sehr bekannt und werden gerne gelesen, wie z. B. Rosa Mayreder, Elke Jerusalem und Maria Janitschek.

Zur Zeit der Weimarer Republik wird neben der Arbeit auch die Sexualität interessant für die Literatur, die vor allem in der Form der außerehelichen Liebe und der weiblichen Sinnlichkeit Behandlung findet.[131] Beachtet wird ebenfalls das Problem, dass berufstätige Frauen bei der Heirat ihre Betätigung aufgeben müssen.

Elend und Armut, die die Zwischenkriegszeit mit sich bringt, lässt das Thema Sexualität aus der Frauenliteratur verschwinden. Auch die Zeit des Nationalsozialismus lässt keinen Raum, um sich mit der weiblichen Sexualität weiter zu beschäftigen. Es kommt zu zahlreichen Bücherverbrennungen von Werken, die inhaltlich nicht ins Konzept der Nazis passen oder von auf Grund ihrer Religion, Herkunft oder Weltanschauung unerwünschten Personen verfasst wurden. Das Frauenbild in der Gesellschaft verändert sich, die deutsche Frau hat die Aufgabe, Hitler möglichst viele deutsche Kinder zu gebären. Texte, die sich mit Sexualität befassen, werden nur mehr

---

[129] Vgl.: Babka, Anna: Feministische Literaturtheorien. In: Sexl, Martin (Hg.): Einführung in die Literaturtheorie. Wien WUV 2004, S. 217.

[130] Vgl.: ebd.: S. 36.

[131] Vgl.: Neissl, Julia: Tabu im Diskurs. Sexualität in der Literatur österreichischer Autorinnen. Innsbruck; Wien; München: Studienverlag: 2001, S. 37.

dann akzeptiert, wenn sie das Gebären von Kindern als weiblichen Beruf bezeichnen.[132]

In den Jahren nach dem Krieg kann sich die politische und gesellschaftliche Situation in Österreich allmählich wieder festigen. In den 50er Jahren war Marlen Haushofer eine der wichtigsten österreichischen Autorinnen. Sie hat sich in ihrem Werk immer wieder mit der Sexualität der Frauen und den bestehenden Geschlechterverhältnissen beschäftigt.

Die 60er und 70er Jahre, in denen Österreich wieder ein stabiler und autonomer Staat ist, bieten Frauen wieder bessere Möglichkeiten literarisch tätig zu werden. Mit Beginn der neuen Frauenbewegung Ende der 70er Jahre finden Themen wie Masturbation, Menstruation, Sexualität im Alter, Vergewaltigung, Inzest, Homosexualität, … verstärkt Eingang zur Beschäftigung mit der Sexualität.[133] Durch die Pille wird die Empfängnisverhütung für die Frau um vieles einfacher, was auch auf das Sexualleben nicht ohne Auswirkungen bleibt. Ein weiterer wichtiger Schritt in Richtung Frauenrechte war die Legalisierung der Abtreibung bis zur 12. Schwangerschaftswoche im Jahr 1975. Zuvor starben zahlreiche Frauen, da sie eine Abtreibung von unqualifizierten Personen unter unzureichenden hygienischen Bedingungen durchführen ließen.

In den 80er und 90er Jahren findet die Beschäftigung mit der weiblichen Sexualität verstärkt Eingang in die Literatur, behandelt wird unter anderem die gesellschaftliche Bedeutung der Sexualität.[134] In diese Zeit fällt auch die Entstehung von Elfriede Jelineks Roman „Lust", den sie selbst als Antiporno bezeichnet. Andere bekannte Autorinnen dieser Epoche sind Anna Mitgutsch, Elfriede Czurda, Elisabeth Reichart, …

Im Folgenden sollen einige bedeutende von Frauen verfasste Werke mit pornographischem bzw. sexuellem Inhalt besprochen werden. Dabei möchte ich mich allerdings nicht nur auf den deutschsprachigen Raum beschränken, da in der fremdsprachigen Literatur einige Werke von großer Bedeutung verfasst wurden.

Eines dieser fremdsprachigen Werke sind die im „Das Delta der Venus" zusammengefassten erotischen Erzählungen der Anais Nin. Es war ein Auftragswerk, das die Autorin für einen Dollar pro Seite verfasst hat; Ziel des Werks ist die sexuelle Befrie-

---

[132] Vgl.: Neissl, Julia: Tabu im Diskurs. Sexualität in der Literatur österreichischer Autorinnen. Innsbruck; Wien; München: Studienverlag: 2001, S. 38.
[133] Vgl.: Ebd.: S. 57.
[134] Vgl.: ebd.: S. 43.

digung des Auftraggebers.[135] Pornographische und erotische Texte als Auftragswerke gegen Lohn wurden vor allem im Frankreich des 19. Jahrhunderts verfasst.[136] Die einzelnen Erzählungen des Werks beinhalten detailliert geschilderte sexuelle Spielarten, in denen das Empfinden der Frau dargestellt werden soll. Man hat den Werken der Anais Nin die Entdeckung einer weiblichen Sprache in der Gestaltung des sexuellen Erlebens zugesprochen, die Autorin selbst hat diese Propaganda vertreten, doch muss hier angemerkt werden, dass sich die Schilderungen des weiblichen Sexuallebens durch eine Frau kaum von den Schilderungen eines Mannes unterscheiden, wichtig ist alleine, dass Nin als Frau mit ihren erotischen Erzählungen Eingang in die Massen- und Erfolgsliteratur gefunden hat.[137] Die Erzählungen sind in einer sehr blumigen Sprache geschrieben, teilweise wirken sie naiv und unschuldig, obwohl sie den Geschlechtsakt durchaus beschreiben. Meist wird die Vorgeschichte lange und detailliert ausgeschmückt, der Akt selbst wird immer nur kurz geschildert. Kennzeichnend ist auch das abrupte Ende der Geschichten, das dem Leser wohl Lust auf mehr machen möchte. Nins Erzählungen schildern Sexualität nicht immer nur in einer reinen und unschuldigen Form, doch sexuelle Abarten wirken in ihren Schilderungen lange nicht so abstoßend, wie dies bei Marquis de Sade der Fall wäre. Selbst grausame Erlebnisse wirken auf gewisse Weise noch unschuldig. Der Versuch einer Poetisierung des Geschlechts lässt sich nicht leugnen, die Erzählungen sind gekennzeichnet durch eine konsumorientierte Ästhetisierung, die in Wirklichkeit jegliche Irrationalität des Geschlechtlichen beschönigt, verharmlost und verdrängt.[138] Ich würde die Erzählungen der Anais Nin als seichte, erotische Erzählungen bezeichnen, deren einziges Ziel es ist, den Leser zu unterhalten. Doch vielleicht kann man dies auch als ein Merkmal der Auftragsliteratur bezeichnen. Wichtig ist, dass die Geschichten immer ein gutes Ende haben, egal was zuvor passieren mag. Ein gutes Beispiel hierfür ist die Erzählung „Mathilde".[139] Die Pariserin Mathilde möchte als Vertreterin eines bekannten Modesalons nach Peru geschickt werden. Dies gelingt ihr auch und sie erhält die Karte für die Reise nach Lima. Von Männern möchte Mathilde mit geheimnisvollen Worten umworben werden, doch wo sie auftaucht, vergessen die Männer romantisches Werben und wollen gleich zur Sache

---

[135] Vgl.: Jurgensen, Manfred: Beschwörung und Erlösung. Zur literarischen Pornographie. Bern, Frankfurt am Main, New York: Peter Lang 1985, S. 371.
[136] Vgl.: ebd.: S. 371.
[137] Vgl.: ebd.: S. 373.
[138] Vgl.: ebd.: S. 375.
[139] Nin, Anais: Das Delta der Venus. Frankfurt am Main: Fischer 6.2007, S. 111-125.

kommen. Sie fühlt sich dadurch gekränkt und weist die Männer zurück. In Lima schließlich sind die Männer anders als in Paris. Sie umwerben Mathilde mit Komplimenten und blumigen Worten, so dass sie dann auch mit ihnen ins Bett geht. In Lima wird zu dieser Zeit viel Opium geraucht. Die jungen Männer kommen oft zu Mathilde, rauchen dort Opium und bleiben häufig auch tagelang hier versteckt. Im Opiumrausch teilen sich die Männer Mathilde. Oft liebkosen sie stundenlang nur ihre Beine und ihre Brüste. Die Frau liebt es, die Männer intensiv zu streicheln, oft passiert es ihr deshalb, dass sie alleine und unbefriedigt aus dem Opiumrausch erwacht. Eines Tages, wieder allein gelassen, erregt sich Mathilde an dem Gedanken an Martinez. Sie möchte herausfinden, wie sie auf ihn wirkt und betrachtet sich so in allen möglichen Posen vor dem Spiegel. Währenddessen kommt Antonio ins Zimmer und findet die Frau in einer höchst erregenden Stellung vor. Er kommt gerade von seiner Lebensgefährtin, einer Frau mit großen, bemerkenswerten Brüsten, welche sich beinahe auf der Höhe ihrer Schultern befinden. Er hat seine erste Befriedigung heute bereits an den Brüsten seiner Geliebten gefunden, doch diese ist höchst unbefriedigt zurückgeblieben, da Antonio ihrem Geschlecht keinerlei Beachtung schenkte. Er schläft nun mit Mathilde in ihrer Unterkunft und nimmt sie anschließend mit in seine Wohnung, die sich in einem heruntergekommenen Opiumviertel befindet. In Antonios Wohnung hält sich zu diesem Zeitpunkt auch noch ein vor der Polizei flüchtiger Opiumdieb auf. Er versinkt allerdings bald nach Mathildes Ankunft im Drogenschlaf. Antonio gibt Mathilde einen Schuss Opium, woraufhin diese sehr müde wird.

Dann begann ein Alptraum. Ganz weit weg lag die ausgestreckte Gestalt des in Lumpen gehüllten Mannes; dann waren da die Umrisse Antonios, groß und schwarz. Antonio nahm dem Mann das Taschenmesser aus der Hand und beugte sich über Mathilde. Sie spürte seinen Schwanz in sich weich und zärtlich. Sie bewegte sich langsam, entspannt, wellenartig. Der Schwanz wurde herausgezogen. Sie fühlte, wie er über der seidigen Feuchtigkeit zwischen ihren Beinen schwang, aber sie war unbefriedigt und machte eine Bewegung, als wollte sie ihn wieder einfangen. Dann ging der Alptraum weiter. Antonio ließ das Taschenmesser aufspringen und beugte sich über ihre gespreizten Beine, berührte sie mit der Messerspitze und stieß diese dann sachte in sie hinein. Mathilde fühlte keinen Schmerz und konnte sich auch nicht bewegen. Das offene Messer hatte sie hypnotisiert. Aber dann wachte sie plötzlich auf. Ihr war erschreckend klargeworden, dass dies kein Alptraum mehr war. Antonio starrte wie gespannt auf die Spitze des Taschenmessers am Eingang ihres Lochs. Sie schrie. Die Tür flog auf. Es war die Polizei, die gekommen war, um den Kokaindieb festzunehmen. Im letzten Augenblick war Mathilde dem Mann entkommen, der so oft den Huren in ihre Schlitze gestochen hatte und der nur aus diesem Grund seine Geliebte niemals dort berühren wollte. Solange er mit ihr lebte, war er gegen die Versuchung gefeit, denn ihre herausfordernden Brüste lenkten seine Begierde von ihrem klaffenden Geschlecht ab und besiegten seine krankhafte Sucht, das, was er „"die kleine Wunde der Frau" nannte, mit Gewalt zu vergrößern.[140]

Falls in den Erzählungen der Anais Nin etwas Schlimmes passieren sollte, kommt es ebenso wie in „Mathilde" zur Rettung in letzter Sekunde. Die Situation für die Frau scheint hoffnungslos, doch plötzlich und völlig unerwartet kommt die Polizei und rettet sie. Die Geschichten sind meiner Meinung nach naiv und zeigen dem Leser, dass eigentlich gar nichts Schlimmes passieren kann. Im Gegensatz zum Werk des Marquis de Sade siegt hier immer das Gute über das Böse.

„Die Geschichte der O", 1954 unter dem Pseudonym Pauline Réage veröffentlicht, ist heute einer der bekanntesten sadomasochistischen Romane der Welt.[141] Eigentlicher Name der Autorin ist Anne Desclos. In der „Geschichte der O" geht es um eine Frau, die sich von ihrem Liebhaber auf ein Schloss bringen lässt, um dort in den Masochismus eingeführt zu werden. Trotz der Demütigungen behält die Hauptfigur die Kontrolle über sich. Nach Beendigung der Ausbildung auf dem Schloss gibt sie ihrem Liebhaber erneut nach, der sie nun zu einem Freund bringt, dem O absoluten Gehorsam bieten muss. O verliebt sich in ihren strengen Lehrer. Als Ende ihrer Ausbildung wird sie an einen Ort gebracht, der Samois genannt wird. Deutliches Ende hat der Roman keines, aber Anne Declos hat ein Werk mit dem Namen „Rückkehr nach Roissy" verfasst, das als 2. Teil zur „Geschichte der O" gilt. Bedeutend ist die Reduzierung des Namen auf „O", wodurch der Figur jede Individualität genommen wird, doch wird in dem Werk die „Auflösung der eigenen Identität so sinnlich erfahrbar, dass sie sich als höchste sexuelle Lust erweist"[142]. Ebenfalls geschildert werden die lesbischen Abenteuer, die O während ihrer Ausbildung erlebt. Elemente der christlichen Religion werden immer wieder angespielt. Die sexuelle Unterwerfung der O wird als religiöses Erlebnis geschildert, sie wird stellenweise wie eine christliche Märtyrerin dargestellt, der Mann wird zum Gott emporgehoben.[143] Trotz der zahlreichen pornographischen Passagen dient das Werk nicht nur der sexuellen Erregung, sondern hat hohe literarische Qualität.

Unter dem Pseudonym Emmanuelle Arsan hat Marayat Rollet-Andriane, eine französische Schriftstellerin thailändischer Herkunft, die Reihe der Emmanuelle-Bücher veröffentlicht. Der erste der vier Teile erscheint 1959 in Paris. Die Autorin führt immer

---

[140] Nin, Anais: Das Delta der Venus. Frankfurt am Main: Fischer 6.2007, S. 125.
[141] http://de.wikipedia.org/wiki/Geschichte_der_O, S. 1.
[142] Jurgensen, Manfred: Beschwörung und Erlösung. Zur literarischen Pornographie. Bern, Frankfurt am Main, New York: Peter Lang 1985, S. 391.
[143] Vgl.: ebd.: S. 396/397.

wieder Zitate aus der Weltliteratur an und bemüht sich um eine besonders poetische und „schöne" Sprache, um ihr Werk dadurch literarischer zu gestalten, wobei genau diese Bemühungen Kennzeichen der Trivialliteratur sind.[144] Teilweise wird das Geschriebene durch das Bestreben nach einer poetisch-literarischen Sprache für den Leser lächerlich. Die Emmanuelle-Bände gehören zur pornographischen Trivialliteratur, die nicht nach der ästhetischen Lust des Lesens, sondern der körperlichen Erregung strebt.

„Fotze" von Elisabeth Reichart, 1993 erstmals erschienen, zeichnet die Suche einer Frau nach ihrer Sexualität und einem Namen für ihr Geschlecht auf. Die Protagonistin hat seit ihrer Kindheit keinen Namen für ihr Geschlecht, obwohl sie verzweifelt danach sucht. Sie schlägt sogar im Wörterbuch Synonyme für Penis und Vagina nach, wobei es für das männliche Geschlechtsteil immerhin 60 andere Begriffe gibt, für das weibliche aber nur 22.[145] Schließlich gibt einer ihrer Liebhaber ihr einen Namen für ihr Geschlecht, nämlich Fotze. Neben der Erinnerung an ihre verschiedenen Liebhaber beschäftigt sich die Erzählung auch mit Erinnerungen an die Kindheit der Hauptfigur, wobei auch auf die negative Einstellung der Mutter gegenüber weiblicher Lust eingegangen wird. Reichart beschreibt die sexuellen Vorgänge in ihrer Erzählung sehr direkt. Telefonsex und pornographische Videos werden in den Text eingebaut, ebenso wird die Masturbation durch sich selbst oder den Partner als höchst lustvoll geschildert. Die Autorin beschreibt die Bedeutung von manueller und oraler Stimulation für den weiblichen Orgasmus und räumt damit mit dem Mythos des vaginalen Orgasmus auf.[146] Meiner Meinung nach ist Reicharts Text sehr revolutionär, da einerseits die weibliche Sprachlosigkeit in sexuellen Themen, andererseits aber auch das Recht der Frauen auf eine befriedigende Sexualität thematisiert wird.

Auf keinen Fall unerwähnt darf beim weiblichen Schreiben über Sexualität Elfriede Jelinek bleiben, die spätestens seit der Verleihung des Literaturnobelpreises 2004 in aller Munde ist. Neben dem in dieser Arbeit behandeltem Werk „Lust", sind auch ihre anderen Erzählungen und Romane durchzogen von der Beschäftigung mit weiblicher Sexualität und Pornographie. Ihr wohl bekanntestes Werk ist „Die Klavierspielerin", die 2001 von Michael Haneke verfilmt wurde.

---

[144] Vgl.: Jurgensen, Manfred: Beschwörung und Erlösung. Zur literarischen Pornographie. Bern, Frankfurt am Main, New York: Peter Lang 1985, S. 420.
[145] Reichart, Elisabeth: Fotze. Salzburg: Otto Müller 1993, S. 42.
[146] Vgl.: Neissl, Julia: Tabu im Diskurs. Sexualität in der Literatur österreichischer Autorinnen. Innsbruck; Wien; München: Studienverlag: 2001, S. 110.

Die Liste könnte hier noch weiter fortgesetzt werden mit Werken von Elfirede Czurda, Barbara Frischmuth, Lilian Faschinger und vielen anderen. Die ausgewählten Beispiele sollen nur exemplarisch die vielfältigen Möglichkeiten zeigen, wie sexuelle Themen und Pornographie von Frauen bearbeitet werden.

3.2. Pornographie im Film

3.2.1. Geschichte des Pornofilms

Den Beginn der Entwicklung des Pornofilms würde ich mit Eadweard Muybridge setzen, der von 1884 - 1887 mit einigen unbeweglichen Kameras experimentiert hat, um die Illusion von Bewegung zu erzeugen.[147] Zu seinen ersten Objekten gehörten nackte Menschen. Während Männer, die ihnen gestellte Aufgabe einfach durchführen, begleiten Frauen ihre Aufgaben mit zahlreichen Gesten, zum Beispiel mit dem Griff auf die Brust oder dem Heben der Hand zum Mund. Die Körper der Frauen werden in diesen Aufnahmen also fetischisiert, wie der weibliche Körper dies auch im gesellschaftlichen Alltag wird.[148]

Im Jahr 1896 wurde im zwanzig Sekunden dauernden Film „The Kiss" der erste Filmkuss aller Zeiten gedreht.[149] Im Jahr 1907 entsteht in Argentinien der älteste noch erhaltene Pornofilm „El Sartorio", in dem erstmals eine Großeinstellung der Penetration gezeigt wird.[150] Zu Beginn des 20. Jahrhunderts wird eine für die damalige Zeit relativ große Zahl an pornographischen Stummfilmen gedreht. Allerdings sind heute nur mehr sehr wenige Filme aus dieser Zeit erhalten, so dass es kaum Studien über die ersten Pornofilme gibt. Zu Beginn des Ersten Weltkrieges ist Pornographie illegal. Verbreitet wird pornographisches Filmmaterial zu dieser Zeit von so genannten Stagmeistern, die mit Filmen und einem Filmprojektor bepackt durchs Land reisen und in einem improvisierten Kino kurze Schwarz-Weiß-Filme ohne Ton vorführen.[151] Die Qualität dieser Filme ist, wie man sich wahrscheinlich vorstellen kann,

---

[147] Vgl.: Grahame-Smith, Seth: Das große Pornobuch. Ein unzensierter Blick hinter die Kulissen der Sexindustrie. München: Wilhelm Heyne 2007, S. 13.
[148] Vgl.: Williams, Linda: Hard Core. Macht, Lust und die Traditionen des pornographischen Films. Basel, Frankfurt am Main: Stroemfeld 1995, S.72.
[149] Vgl.: Grahame-Smith, Seth: Das große Pornobuch. Ein unzensierter Blick hinter die Kulissen der Sexindustrie. München: Wilhelm Heyne 2007, S. 15.
[150] Vgl.: ebd.: S. 16.
[151] Vgl.: ebd.: S. 18.

äußert schlecht. Auf Handlung wurde kaum Wert gelegt, wichtig war es nur Sex darzustellen. Weitere wichtige Schritte in der Geschichte des Pornofilms sind die Entwicklung des 8mm Films, die Entstehung des Videos in den 1970er Jahren und schließlich der Handel mit DVDs.

Anzumerken bleibt hier nur, dass der pornographische Film ebenso wie anderes pornographisches Material in den Jahrhunderten vor der Entwicklung des Films auch in den Zeiten, in denen er verboten ist, unter der Hand verkauft wird und so immer weitere Verbreitung erlangen kann.

3.2.2. Inhalt, Akteure und Konsumenten des Pornofilms

3.2.2.1. Inhalt

Pornofilm ist nicht gleich Pornofilm. Wie auch in jedem anderen Genre, untergliedern sich Pornofilme in verschiedene Gruppen. Zum Beispiel gibt es pornographische Spielfilme, die zumeist eine seichte Handlung zwischen den Sexszenen eingebaut haben. Beliebt sind unter anderem die so genannten Gonzos, in denen eine Sexsze-ne nach der anderen dargestellt wird, meist mit wechselnden Paaren oder Partnern. Beliebt geworden ist in der Pornobranche gerade in letzter Zeit die Adaption bekann-ter Spielfilme mit Resultaten wie „Space Nuts" oder „Alice in Wonderland".

Des Weiteren wären noch spezielle Filme für Homosexuelle, Amateuraufnahmen, Gangbangs, Voyeurfilme, SM – Filme,… anzuführen. Gegenwärtig versucht die Pornobranche immer mehr auch Frauen mit ihren Materialien anzusprechen. So sind in den letzten Jahren in der Hardcore-Szene Filme gedreht worden, die vor allem heterosexuelle Frauen ansprechen sollen und sich durch eine langsam aufbauende Handlung von anderen Pornofilmen unterscheiden. [152]

Pornofilme haben das Ziel den/die Zuschauer/in sexuell zu erregen. Dafür muss die Lust der Akteure sichtbar gemacht werden. Die Lust des Mannes ist einfach zu se-hen, nämlich durch die Erektion des Gliedes. Die Lust der Frauen ist schon schwerer darzustellen, da es kein deutlich sichtbares äußerliches Merkmal dafür gibt. Um ihre Lust glaubhaft zum Ausdruck zu bringen, muss die Frau stöhnen und den Mann quasi durch Sätze wie „Gib`s mir!" oder „Fick mich!" anspornen. Wesentlich ist auch,

---

[152] Vgl.: http://de.wikipedia.org/wiki/Pornofilm, S. 8.

die Ejakulation des Mannes außerhalb des Körpers darzustellen, um den Höhepunkt seiner Lust zu beweisen. In den meisten Pornofilmen ist die Handlung sekundär. Wichtig ist es, dem Zuschauer möglichst viele Stellungen zu präsentieren und dabei die Geschlechtsorgane so gut und so viel wie möglich sichtbar zu machen. Fellatio ist in Pornos beliebter als Cunnilingus, da das männliche Glied im Gegensatz zur weiblichen Vagina dabei nicht völlig verdeckt ist. Oftmals ist während des Stellungswechsels ein Schnitt, damit die Zuschauer dadurch nicht abgetörnt werden. Auffällig ist, dass Frauen in vielen Pornos hochhakige Schuhe während des Sexualaktes tragen. Die Frau wird in den meisten Filmen als immer geil und willig dargestellt. Zumeist ist sie die Verführerin, die von Sex und Männern nicht genug bekommen kann. Zu Ende des Pornos hat man vorwiegend eine Reihe von Stellungen, ejakulierenden Penissen und immer geilen Frauen gesehen.

Allerdings möchte ich nicht alle Pornofilme als eine sinnlose, unästhetische Reihe von Sexszenen ohne Handlung darstellen. Es gibt sicher auch einige qualitätsvolle Pornofilme, die eine gute Handlung und hohen künstlerischen Wert haben. Diese sind wahrscheinlich schwieriger zu finden und mit wesentlich höheren Produktionskosten verbunden als die so genannten 08-15 Pornos.

3.2.2.2. Akteure

In den USA beliefen sich im Jahr 1985 die Kosten für einen 90-minütigen Kino-Hardcorefilm auf etwa 75.000 Dollar, der Tagesverdienst von an den Filmen mitwirkenden Frauen betrug etwa 350 - 500 Dollar, der von Männern nur 250 – 450 Dollar und bekannte Stars bekamen zwischen 1.000 und 2.500 Dollar pro Tag. [153] Pornodarsteller/in kann quasi jeder werden, es gibt keine genauen Richtlinien, die dafür erfüllt werden müssen. Der Umstieg von der Filmbranche in die Pornobranche ist denkbar, umgekehrt ist es allerdings so gut wie unmöglich. Die meisten Pornodarsteller/innen sind unbekannte Personen, immer neue Darsteller/innen werden gefordert. Trotzdem gibt es einige Stars, die bereits länger in der Branche tätig sind und in zahlreichen Filmen mitgewirkt haben. Dazu gehören unter anderem Gina Wild, Jenna Jameson, Ilona Staller (Ciccolina) und Dolly Buster.

---

[153] Vgl.: Faulstich, Werner: Die Kultur der Pornographie. Kleine Einführung in Geschichte, Medien, Ästhetik, Markt und Bedeutung. Bardowick: Wissenschaftler-Verlag 1994, S. 221.

Die Leistungen der männlichen und weiblichen Pornoakteure während des Drehs sind verschieden. Die Erregung der Frauen ist meist nur gespielt. Nur Naive gehen so weit zu vermuten, die allgegenwärtige, unüberhörbare Lust der Pornodarstellerin, die überwiegend nachsynchronisiert ist, sei authentisch.[154] So haben Frauen es bei den Drehs in dieser Hinsicht etwas einfacher. Die weibliche Lust kann nachgespielt werden und so haben Frauen die Möglichkeit, sich ganz auf ihren Gesichtsausdruck und ihre Körpersprache zu konzentrieren. Männer haben es hier schwieriger. Die männliche Lust kann nicht nachgespielt werden, da der erigierte Penis ein äußerlich deutlich sichtbares Zeichen der männlichen Lust ist. Auch der männliche Orgasmus ist durch die Ejakulation außerhalb des weiblichen Körpers nachweisbar.

Zum ersten geht es beim Mann schon darum, bei all den Anwesenden (Tontechniker, Kameraleute, Beleuchter, Regisseur, Produzent etc.) auf Kommando eine Erektion zu Stande zu bringen. Zum zweiten muss diese für lange Stunden gehalten werden. Zum dritten ist der Orgasmus trotz ständiger sexueller Aktivitäten dann auch wieder zurückzuhalten. Und zum vierten schließlich muss auf Kommando ejakuliert werden.[155]

Bei den Drehs haben Männer den deutlich anstrengenderen Job, obwohl sie schlechter bezahlt werden. Ihre Lust muss während der Drehs echt sein, Frauen hingegen können sie vortäuschen. In der nüchternen und stressigen Atmosphäre des Drehortes Lust zu empfinden, stelle ich mir nicht gerade einfach vor.

3.2.2.3. Konsumenten

Aus dem Jahr 1990 gibt es Repräsentativumfragen zu Pornographiekonsum, Motivation des Konsums, Wirkung der Pornographie... Berücksichtigt wurden dabei nur Hardcore-Filme.

Aus dieser Studie geht nun hervor, dass mehr als ein Drittel der deutschen Bevölkerung zumindest einen Hardcore-Film im Monat konsumiert. Die Unterschiede zwischen dem Konsumverhalten von Männern und Frauen variieren dabei je nach Häufigkeit der Nutzung:[156] Während nur 28% der Männer angaben, Pornographie nie zu nutzen, waren dies immerhin 55% der Frauen. Ungefähr ein- bis dreimal jährlich

---

[154] Faulstich, Werner: Die Kultur der Pornographie. Kleine Einführung in Geschichte, Medien, Ästhetik, Markt und Bedeutung. Bardowick: Wissenschaftler-Verlag 1994, S. 223.
[155] Ebd.: S. 223.
[156] Vgl.: Ertel, Henner: Erotika und Pornographie. Repräsentative Befragung und psychologische Langzeitstudie zu Konsum und Wirkung. München: Psychologie Verlags Union 1990, S. 68.

wurde Pornographie von 11% der männlichen Probanden und 6% der weiblichen verwendet. Die Zahlen der unregelmäßigen Nutzung alle zwei bis drei Monate und der gelegentlichen Nutzung einmal pro Monat lassen keine so große Differenz zwischen Männern (16 bzw. 22%) und Frauen (12 bzw. 19%) erkennen. Regelmäßig einmal pro Woche werden Hardcore-Filme von 15% der Männer konsumiert, hingegen aber von nur 4% der Frauen. Mehrmals wöchentlicher Konsum wurde von 7% der männlichen und 3% der weiblichen Befragten angegeben.

Die Unterschiede im Konsum von Hardcore-Filmen bei Männern und Frauen sind meiner Meinung nach nicht nur mit dem unterschiedlichen sexuellen Interesse der Geschlechter zu erklären. Vielmehr ist der pornographische Markt bis heute auf Männer zugeschnitten, ein Großteil des erhältlichen pornographischen Materials spricht Männer viel mehr an als Frauen. Allerdings gibt es gegenwärtig die Tendenz, pornographische Filme auch für Frauen herzustellen. Diese sollte sich nicht so einseitig auf die kollektiven sexuellen Phantasien der Männer beschränken, sondern mehr auf die sexuellen Imaginationen von Frauen eingehen.[157]

Am häufigsten konsumiert wird Pornographie von Menschen zwischen 18 und 19 Jahren, wobei dies wahrscheinlich an der gegenwärtigen Sexualmoral und der leichten Zugänglichkeit pornographischen Materials liegt.[158]

Generell wird Pornographie von Angehörigen aller sozialen Schichten konsumiert. Allerdings lässt sich der häufigste Konsum in den unteren sozialen Schichten nachweisen.[159]

---

[157] Vgl.: Ertel, Henner: Erotika und Pornographie. Repräsentative Befragung und psychologische Langzeitstudie zu Konsum und Wirkung. München: Psychologie Verlags Union 1990, S. 63.
[158] Vgl.: ebd.: S.64.
[159] Vgl.: Faulstich, Werner: Die Kultur der Pornographie. Kleine Einführung in Geschichte, Medien, Ästhetik, Markt und Bedeutung. Bardowick: Wissenschaftler-Verlag 1994, S. 229.

4. Frauenpornographie

Eine Tatsache ist, dass Pornographie bei weitem mehr von Männern als von Frauen konsumiert wird. Der Grund dafür ist, denke ich, von großem Interesse. Liegt es wirklich daran, dass Sexualität im Leben der Männer einen größeren Stellenwert hat als im Leben der Frauen? Oder liegt es am Angebot, das nach wie vor hauptsächlich auf männliche Konsumenten ausgerichtet wird? Möglicherweise haben Frauen auch eine größere Hemmschwelle, sich pornographisches Material zu besorgen? Andererseits ist es im Zeitalter des Internets nicht mehr schwierig, anonym an Pornographie heranzukommen.

Eine von Henner Ertel herausgegebene Studie zu Konsum und Wirkung von Erotika und Pornographie hat unter anderem die unterschiedlichen Konsummotivationen von Männern und Frauen herausgearbeitet: [160]

Nur ein Sechstel aller Frauen, die innerhalb eines Jahres erotische oder pornographische Filme angeschaut haben, haben dies aus eigener Motivation getan. Bei Männern liegt der Prozentsatz hingegen bei 76%.

Im Gegensatz dazu, haben über 75 % der Frauen angegeben, pornographisches Material nur auf Grund der Initiative ihrer Männer konsumiert zu haben.

Fünfmal so viele Männer wie Frauen schauen sich pornographische Videos alleine an, wobei die eigene Stimulierung als wichtigste Motivation genannt wird.

Bei fast allen Frauen beziehen sich die Motive für den Konsum pornographischer Videos auf den Partner, vordergründig ist dabei die sexuelle Anregung des Partners, die zum eigenen Lustgewinn führt.

Ertel arbeitet aus diesen Ergebnissen heraus, dass der geringere Pornographiekonsum vor allem daran liegt, dass die Branche heute noch immer, vor allem auf die Phantasien der Männer, ausgerichtet ist und Frauen so eher dürftige Möglichkeiten zur sexuellen Anregung geboten bekommen. Des Weitern schließt er aus den Ergebnissen der Befragung, dass

der größte Teil der Frauen sich zwar eine andere Pornographie wünscht, aber sicherlich keine „entschärfte", weniger explizite oder mehr romantisierte, sondern eher eine Pornographie, deren sexuelle Fiktionen nicht so einseitig auf die kollektiven sexuellen Phantasien von Männern ausgelegt sind, sondern der sexuellen Imagination von Frauen stärker Rechnung tragen.[161]

---

[160] Vgl.: Ertel, Henner: Erotika und Pornographie. Repräsentative Befragung und psychologische Langzeitstudie zu Konsum und Wirkung. München: Psychologie Verlags Union 1990, S. 61-62.
[161] Ebd.: S. 63.

Ertel sieht den Grund des Problems also in der mangelnden auf Frauen ausgerichteten Pornographie. Ich denke allerdings, dass dies nicht der einzige Grund ist. Sicherlich liegt der geringere Pornographiekonsum bei Frauen auch in unserer Gesellschaft verankert. Männer haben es leichter zu ihrer Sexualität zu stehen und diese zu befriedigen. Ein Mann, der viele Frauen hat, wird als Macho bezeichnet und oftmals von seinen Freunden bewundert, weil er ein großer „Aufreißer" ist. Eine Frau, die dasselbe tut, wird bald abfällig als „Hure" oder „Schlampe" bezeichnet werden. Dies hat wahrscheinlich jedoch nur am Rande mit dem Problem zu tun. Die weibliche Sexualität ist selbst heute noch stärker tabuisiert als die männliche. Zugleich ist die weibliche Sexualität viel komplexer gestrickt als die männliche. Frauen haben die Gabe während des Koitus mehrere Orgasmen erleben zu können, Männer sind auf einen Orgasmus beschränkt. Vielleicht macht dies den Männern einfach Angst und sie werden unsicher. Um diese Unsicherheit zu überbrücken, wird die weibliche Sexualität unter den Tisch gekehrt und die eigene lautstark in der Öffentlichkeit breitgetreten. Frauen haben auch die biologische Möglichkeit, Kinder zu bekommen. Ihre Geschlechtsorgane sind zum Teil im Inneren des Körpers verborgen, die der Männer liegen außerhalb des Körpers und sind somit sichtbarer. Vielleicht liegt die Lösung des Problems darin, dass die Männer akzeptieren, dass die weibliche Sexualität ganz anders funktioniert als die männliche. Möglicherweise werden die Frauen dann nicht mehr übertönt und können offener und freier mit ihrer Sexualität umgehen und diese annehmen. Tun sie das, gibt es auch keine Hemmschwelle mehr, die für den Einkauf von pornographischem Material überwunden werden muss.

4.1. Von der Theorie zu literarischen Texten

Im folgenden Teil meiner Arbeit möchte ich nun auf drei literarische Texte eingehen und diese in Bezug auf die Theorien zur Pornographie untersuchen. Schwierig ist dieses Unterfangen deshalb, weil es sich bei den von mir gewählten Texten nicht um pornographische Literatur handelt. Die drei Autorinnen setzen sich in ihren Werken kritisch mit der weiblichen Sexualität und indirekt auch mit der Pornographie auseinander.

Die Texte der drei Autorinnen sind sehr unterschiedlich. Elfriede Jelinek schildert in „Lust" eine kurze Zeitspanne aus dem Leben einer Frau, die für ihren Ehemann nichts anderes ist als ein Sexualobjekt. Sexualität wird in ihrem Text als etwas durch und durch Negatives für die Frau dargestellt und ist immer mit Gewalt und Unterwerfung unter den Ehemann verbunden. Marlene Streeruwitz beschäftigt sich in „Verführungen" vor allem mit den Problemen einer allein erziehenden Mutter, sowohl ein erfülltes Sexualleben zu haben und einen Partner zu finden, als auch den Kindern gerecht zu werden. Dies stellt sich in dem Roman als nicht einfach dar, da die Frau nicht in der Lage ist, ihre sexuellen Wünsche vor dem Partner zu artikulieren. Christa Nebenführ beschäftigt sich mit dem sexuellen Erwachen in der Jugend und schildert die Unsicherheiten heranwachsender Mädchen bezüglich ihrer Sexualität. Hier werden nicht nur heterosexuelle Erfahrungen geschildert, sondern gleichermaßen auch homosexuelle.

Indirekt nehmen die Autorinnen in ihren Werken Stellung zu den oben geschilderten theoretischen Positionen. Ich möchte nun an Hand der Texte herausfinden, inwieweit sie von dem theoretischen Diskurs beeinflusst werden. Interessant sind auch die Intentionen der Schriftstellerinnen, die zum Beispiel in „Lust" ziemlich stark hervortreten. Hier bleibt dann noch die Frage, ob die Intentionen der Schriftstellerinnen auch aufgehen oder ob die Texte auch anders gelesen und verstanden werden können.

Das Frauenbild in der Pornographie wirft ein sehr negatives Bild auf die Weiblichkeit. Frauen werden dargestellt, als ob sie ihr ganzes Leben lang nur an Sex denken würden. Sie sind dem Mann, teilweise auch mehreren Männern, immer zu Diensten und erfüllen die Wünsche der Männer. Pornographie geht teilweise sogar soweit, Vergewaltigung als von der Frau gewünscht oder zumindest provoziert, darzustellen. Frauen werden in pornographischen Texten und Filmen als Objekt dargestellt und teilweise sexuell ausgebeutet. Dieses triste Bild der Pornographie entspricht nicht meiner Vorstellung dieses Genres, doch ist es teilweise sicherlich nicht zu leugnen. Mir erscheint hier die Frage wesentlich, ob die sexuelle Ausbeutung der Frau, wie sie laut Anti-Porno-Feministen/innen in der Pornographie passiert, auch Eingang in die drei Primärtexte findet.

Der Objektstatus der Frau in der von Männern produzierten Pornographie ist leider nicht von der Hand zu weisen. Sie werden zumeist nur als penetriertes Objekt dargestellt, das von Männern betrachtet wird. Männer produzieren zumeist Pornofilme, die hauptsächlich den männlichen Betrachter ansprechen. Man könnte sagen, dass bei von Männern produzierten Pornos, Männer stets in der Rolle des Betrachters sind, wobei Frauen zumeist in der Rolle der Betrachteten festgehalten werden. Interessant ist nun die Frage, ob die Texte den Blickwinkel der Pornographie umkehren. In anderen Worten also: Ist der Blickwinkel der Männer auf die Frauen in den drei ausgewählten Texten ein anderer als in pornographischen Texten oder Filmen? Außerdem ist es hier, denke ich, auch wichtig, den Blickwinkel innerhalb der drei Texte zu beachten. Aus welcher Perspektive wird in den Texten betrachtet?

Wie im vorigen Absatz bereits erwähnt, ist die Frau als Objekt ein nicht unwesentliches Bild in der Pornographie. Doch wie verhält sich dies nun in diesen drei Texten, die nicht pornographisch sind? Befindet sich die Frau auch hier in der Rolle des Objekts? Wenn ja, versucht sie sich aus dieser Rolle zu befreien oder nimmt sie diese einfach resigniert und ohne Ausbruchversuch hin?

Als letzten Punkt würde mich noch interessieren, ob es innerhalb der Texte Verweise auf den Konsum pornographischer bzw. erotischer Materialien durch die Protagonisten/innen gibt und wie dieser in die Texte integriert ist.

Bevor ich mich nun den Primärtexten zuwende, möchte ich noch ein paar Punkte zur Pornographiedebatte hinzufügen. Für mich persönlich ist die Pornographiedebatte sehr spannend, da es meiner Meinung nach ein Schritt in ein von Männern dominiertes Genre ist. Die Produktion pornographischen Materials ist heute noch immer von Männern dominiert, doch wagen sich Frauen immer mehr vor, sowohl in die Produktion als auch vor allem in die theoretische Debatte zur Pornographie. Für mich als Frau sind, vor allem die Stellung der Frauen in diesem Genre, aber auch die von Frauen geführten Debatten rund um das Thema zu betrachten, interessant. Wie oben angeführt, sind die Einstellungen der Feministen/innen zur Pornographie sehr verschieden. Die eine Gruppe lehnt Pornographie und alles, was damit zu tun hat, grundsätzlich ab, die andere akzeptiert sie als kulturelles Phänomen und die dritte schließlich verteidigt sie und gesteht ihr teilweise auch künstlerischen Wert ein. Ich würde die drei von mir gewählten Autorinnen in gewisser Weise alle als Feministinnen bezeichnen, auch wenn sie zum Teil sehr unterschiedliche Meinungen vertreten. Mithilfe der Texte und den theoretischen Debatten möchte ich im Folgenden versuchen, die Einstellung der drei Frauen in Bezug auf die Pornographie, herauszufinden.

5. Primärtexte

5.1. Elfriede Jelinek – Lust

„Lust" wurde 1989 erstmals veröffentlicht. Ursprünglich wurde der Text als weiblicher Porno angekündigt, es sollte ein Gegenentwurf zu George Batailles „Die Geschichte des Auges" werden. Eigentliches Ziel sollte es sein, das sexuelle Begehren von Männern und Frauen zusammenzuführen. Doch Jelinek scheitert an ihrem Versuch, da sie keine weibliche Sprache der Sexualität finden kann und so in einer männlich geprägten bzw. dekonstruierten männlichen Sprache schreibt.[162] „Lust" wird nun als Antiporno bezeichnet, die Autorin sagt selbst dazu:

„Ich würde aber sagen, dass ich Antipornographie schreibe. Es ist selbstverständlich so, dass sich Frauen die Darstellung des Obszönen und des Nackten zurückerobern müssen. Ich versuche das, merke aber in meiner eigenen Arbeit, dass die Darstellung des Obszönen von Männern so usurpiert ist, dass Frauen dafür keinen Ort haben und scheitern müssen. Natürlich muss es Pornographie von Frauen geben, aber ich glaube nicht, dass sie frauen-verachtend wäre. Der männliche Blick auf die Frau dagegen ist immer verachtend. Porno-graphie ist nicht die Darstellung einer Handlung, sondern der Erniedrigung. […] Meine Arbeit nenne ich antipornographisch, weil ich einen Bewusstmachungsprozess erzielen und nicht nur aufgeilen möchte, obwohl mir das auch schon vorgeworfen worden ist. Es geht darum, Sexualität als etwas Politisches und nicht als etwas Unschuldiges zu begreifen, das einfach da ist."[163]

„Lust" ist in 15 Kapitel untergliedert. Inhaltlich beschäftigt sich das Buch mit der se-xuellen Ausbeutung einer Frau durch ihren Ehemann. Anja Meyer benennt als ei-gentliches Thema der Erzählung eine Machtanalyse:

die Dekonstruktion des ‚Weiblichen' und ‚Männlichen' am Beispiel von Sexualität. Die Autorin fasst die pornographische Darstellung in ihre Geschichte: Indem Sexualität als etwas Politi-sches behandelt wird, belässt sie sie nicht in der Sphäre scheinbarer Unschuld. Macht, die bei Jelinek immer vom Mann ausgefüllt und ausgeführt wird, spiegelt sich in der Sexualität wider und schreibt sich in den ‚Körpern' fort. Das Buch möchte dementsprechend in einem männlich geprägten Lust-Diskurs die Schuldigen benennen.[164]

1997 wurde im 3sat eine von Jochen Wolf produzierte Dokumentation über Elfriede Jelinek ausgestrahlt. Titel der Dokumentation ist „Porträt von Elfriede Jelinek. – Die

[162] Vgl.: Neissl, Julia: Tabu im Diskurs. Sexualität in der Literatur österreichischer Autorinnen. Innsbruck; Wien; München: Studienverlag: 2001, 203.
[163] Gehrke, Claudia (Hg): Frauen & Pornographie. Tübingen: Konkursbuch Verlag Claudia Gehrke 1989, S. 102.
[164] Meyer, Anja: Elfriede Jelinek in der Geschlechterpresse. Die Klavierspielerin und Lust im printmedialen Diskurs. Hildesheim, Zürich, New York: Olms Weidmann 1994. (Germanistische Texte und Studien Band 44), S. 120.

gehasste Frau Jelinek". Ein Teil des Films beschreibt in Rückblenden die Kindheit und Jugend Jelineks, im anderen Teil spricht sie über ihre Werke. Jelinek selbst sagt in dieser Dokumentation, dass sie ihre Fähigkeit zu sprechen vom Vater bekommen hat. Mit dem Beginn seiner Krankheit hat der Vater die Fähigkeit zu sprechen verloren und die Tochter hat diese Begabung übernommen. Der Tod des Vaters in der Psychiatrie stürzt Jelinek in eine schwere Krise, doch hat sie zu dieser Zeit bereits mit dem Schreiben begonnen, das sie gewissermaßen rettet. Die Beziehung zur Mutter war geprägt durch Dominanz. Als Kind musste Jelinek mehrere Musikinstrumente lernen, bereits als 14-jährige besuchte sie das Wiener Konservatorium. Die dramatische Mutter-Beziehung hat sie schließlich in ihrem Werk „Die Klavierspielerin" verarbeitet. Nach eigenen Angaben hat sie in diesem stellvertretend für viele Töchter die Mutter getötet, damit diese sie nicht selbst töten müssen.

Unter anderem spricht Jelinek in dieser Dokumentation auch über ihr Werk „Lust". Der Titel des Werkes verspricht sinnlichen Genuss, enthält aber eher eine Parodie darauf. Die Autorin selbst sagt, dass Missverständnisse mit dem Erscheinen von Lust vorprogrammiert waren. Sie ist der Ansicht, dass „Lust" teilweise als weiblicher Porno verkannt und deshalb zum Skandal wurde. Als ihre Vorbilder für große literarische Pornographie bezeichnet Jelinek George Bataille und den Marquis de Sade. Zugleich vertritt sie auch die Meinung, dass große literarische Pornographie nicht nur Pornographie ist, sondern auch eine politische Analyse beinhaltet. Dieses Politische in der Pornographie wollte sie mit Lust eigentlich aufzeigen. Abschließend zu „Lust" meint die Autorin, dass eine Frau nicht „ICH" sagen kann, wenn sie spricht, sondern dass sie nur für alle Frauen als unterdrückte Klasse sprechen kann.

Heidemann-Nebelin hat vier entscheidende formale Aspekte aus dem Text „Lust" herausgearbeitet: die Kommentare der Erzählerin, die Typisierung der Figuren, die Wahl der Motive und Metaphern und die Parodien.[165]

In Lust taucht das „kommentierende Ich" sehr häufig auf. Es werden vier relevante Arten von Erzählerkommentaren unterschieden:

Die Ich-Erzählerin deutet auf die Konstruktion des Erzählten hin, sie strebt die Solidarisierung der Leser hinsichtlich einer umstrittenen Position an, unterläuft Gesagtes satirisch, oder aber sie provoziert die Leser in direkter Ansprache.[166]

---

[165] Vgl.:Heidemann-Nebelin, Klaudia: Rotkäppchen erlegt den Wolf. Marieluise Fleißer, Christa Reinig und Elfriede Jelinek als satirische Schriftstellerinnen. Bonn: Holos-Verlag 1994. (Holos Reihe Feministische Wissenschaft Band 2), S. 252.
[166] Ebd.: S. 253.

Die Konstruktion des Textes ist höchst komplex, es existiert keine Handlung wie sie im traditionellen Erzähldiskurs gesehen wird. Das Lesen und Verstehen des Textes wird durch häufige Perspektivenwechsel ebenso wie durch Brechung der Akte höchst kompliziert.

Die Insistenz auf der Konstruktion des Erzählens erstreckt sich bis in das kleinste Detail; sie beginnt mit der Austauschbarkeit der Figuren, der Handlungsorte, der sexuellen Praktiken der Protagonisten und endet bei dem Verweis der Erzählerin auf die Beliebigkeit der meteorologischen Verhältnisse.[167]

Durch diese Technik wird jegliche Identifikation des Lesers/der Leserin mit Figuren und Geschehen unmöglich gemacht. Die Erzählerfigur betrachtet das Geschehen in „Lust" aus Distanz, doch versucht sie den Konsumenten/die Konsumentin dazu zu gewinnen, dem Geschriebenen zuzustimmen und sich dazu zu äußern. Um die Leser/innen anzusprechen, verwendet Jelinek statt „ich" das Pronomen „wir". Dieses „wir" meint die Leser/innen einschließlich der Erzählerin selbst. Satirische Kommentare der Erzählerin treten vor allem während der Szenen, in denen Geschlechtsverkehr zwischen den Protagonisten geschildert wird, auf. Ziel dieser Kommentare ist es zu verhindern, dass der Text vom Leser/von der Leserin als pornographisches Material verwendet wird. Die Konsumenten/innen werden durch die Erzählerin manchmal direkt angesprochen, dies soll provozieren. In den direkten Ansprachen werden vor allem die Männer satirisch angegriffen, allerdings bekommen auch die Frauen ihren Teil ab, wobei die Angriffe gegen Frauen eher selbstkritisch als satirisch gesehen werden sollen. Wichtig für das Verständnis von „Lust" ist es, die verschiedenen Erzählerkommentare als Teile eines Ganzen zu betrachten:

Die unterschiedlichen Perspektiven des Ichs animieren zu einer Identifikation mit einem bestimmten Normenrepertoire, das aus einer weiblichen Perspektive heraus entwickelt wird.[168]

Die Erzählfigur schildert „Lust" aus der Sicht Gertis. Der Text wird von einer Frau und gleichzeitig auch aus der Sicht einer Frau erzählt. Interessant finde ich hierzu die Frage, ob die Frau in „Lust" von den Männern anders betrachtet wird, als in pornographischen Texten oder Filmen. Meiner Meinung nach gibt es einen großen Unter-

[167] Heidemann-Nebelin, Klaudia: Rotkäppchen erlegt den Wolf. Marieluise Fleißer, Christa Reinig und Elfriede Jelinek als satirische Schriftstellerinnen. Bonn: Holos-Verlag 1994. (Holos Reihe Feministische Wissenschaft Band 2), S. 254.
[168] Ebd.: S. 257.

schied in der Betrachtung der Frau aus Sicht der Männer zwischen „Lust" und pornographischen Materialien. Hermann behandelt Gerti zwar als Sexualobjekt, so wie die Frau auch in der Pornographie behandelt wird. Doch liegt der Unterschied für mich darin, dass Frauen in pornographischen Texten meist als Verführerin auftreten und als immer geil und zum Geschlechtsverkehr bereit geschildert werden. In „Lust" gehen die sexuellen Übergriffe immer von Hermann aus, sie werden nie von der Frau initiiert. So wäre der männliche Blick auf die Frau hier eigentlich ein anderer. Doch gibt es neben der Frau als Verführerin in der Pornographie noch den so genannten „Vergewaltigungsmythos", der davon ausgeht, dass die Frau nur vortäuscht keinen Geschlechtsverkehr haben zu wollen, ihn in Wirklichkeit aber noch mehr will als der Mann. „Lust" könnte stellenweise dazu verführen, Gerti als eine jener Frauen zu sehen, die sich wünscht, vom Ehemann andauernd vergewaltigt und aufs Abscheulichste missbraucht zu werden. Diese Intention hat die Autorin jedoch keinesfalls verfolgt. Sie möchte, dass die Frau als Opfer der ständigen sexuellen Übergriffe durch den Gatten gesehen wird und nicht als Objekt, das sich insgeheim eine Vergewaltigung wünscht.

Die Figuren in „Lust" sind so gezeichnet, dass man sich nicht mit ihnen identifizieren kann. Es sind keine eigenständigen Personen, die aufgezeichnet werden, sondern nur gesellschafts- und geschlechterkritisch gezeichnete Stereotypen.

Der Mann ist Direktor einer Papierfabrik in einem steirischen Alpental, der die ehelichen Pflichten von seiner Frau einfordert, wann immer er Zeit findet. Der Sohn nimmt Geigenunterricht, besucht die Schule und entwickelt sich prächtig in die Richtung, die sein Vater ihm vorgibt. Nach außen wirkt die Familie wie eine normale Familie aus der bürgerlichen Mittelschicht. Denn was Gerti hinter geschlossenen Vorhängen ertragen muss, dringt nicht an die Öffentlichkeit. Die Szenen, in denen der Mann seine Befriedigung sucht, sind sehr drastisch und detailliert geschildert:

„Der Mann führt sie ins Bad, redet beruhigend auf sie ein und bückt sie über den Wannenrand. Er greift in ihrem Gebüsch herum, damit er endlich einsteigen kann und nicht erst auf die Nacht verwiesen werden muss. Ihr Laub, ihre Zweige biegt er auseinander. Die Fragmente des Kleides werden ihr abgerissen. Haar fällt in den Abfluss. Fest wird ihr auf den Hintern geschlagen, die Spannung dieses Portals soll endlich nachlassen, damit die Menge brüllend und schiebend ans Büffet stürzen kann, dieser liebe Verbund von Konsumenten und Lebensmittelpunktkonzernen. Hier sind wir und werden zum Dienst gebraucht. Der Frau wird ein gleichartiges, gleichwertiges oder ähnliches Organ entgegengestreckt. Er reißt ihr den Arsch auf! Mehr braucht er eigentlich nicht, mit Ausnahme seines monatlichen Spitzengehalts. Sein Gebein erbebt, und er verschwendet seinen ganzen Inhalt, viel mehr, als er an Geld einzunehmen vermochte, an die Frau, wie könnte sie nicht gerührt sein von diesem Strahl. Ja, jetzt enthält sie den ganzen Mann, soviel sie tragen kann, und der erhält sie, solange er an ihrem Interieur und den Tapeten noch Gefallen findet. Er wirft ihr Vorderteil in die Badewanne und spreizt als Geschäftsführer dieses Lokals und ähnlicher Lokale ihr Hinterzimmer. Kein Gast außer ihm darf soviel frische Luft hereinlassen. Dort wächst der Hausschwamm, man hört ihn Wasser saugen und Abfall produzieren. Kein anderer als der Direktor kann die Frau so unter seinen Regen und seine Traufe zwingen. Bald wird er sich schreiend erleichtert haben, dieses riesige Pferd, das seinen Karren mit verdrehten Augen und Gischtflocken am Gebiss in den Dreck zerrt."[169]

Die Textstelle ist sehr drastisch und schildert deutlich die von Jelinek empfundene männliche Verachtung für das weibliche Geschlecht. Dies beginnt bereits im ersten Satz mit den Worten „der Mann führt sie ins Bad" und „bückt sie über den Wannen-rand". Jelinek schreibt hier in einer Art „indirektem Passiv", die Frau wird durch ihre Wortwahl dargestellt als Objekt ohne eigene Körperbeherrschung. Der Mann kann mit ihr und ihrem Körper machen, was er möchte, die Frau ist seine Marionette. Das Wort „Gebüsch" ist ein sprachlich verschleierter Ausdruck für das weibliche Ge-schlecht, die Autorin verwendet hierfür häufig „Naturmetaphern". In dieser Textstelle verwendet sie auch noch die Metaphern „Laub" und „Zweige". Auch den Koitus um-schreibt die Autorin mit anderen Worten, zum Beispiel verwendet sie den Begriff „einsteigen". Dadurch zeigt sie, dass der Geschlechtsakt nicht mit Gefühlen behaftet ist, weder für die Frau, die ihn nur über sich ergehen lässt, noch für den Mann, der nur seine Befriedigung sucht und seine Macht über das andere Geschlecht demons-trieren möchte. Der Begriff „einsteigen" ist höchst emotionslos und macht uns den gewaltsamen Hintergrund deutlich. Die Konstruktion des Satzes „Die Fragmente des Kleides werden ihr abgerissen." ist wieder eine Passiv-Konstruktion. Dadurch wird uns verdeutlicht, dass dies so passieren muss. Es ist alles so wie es sein soll und kann auch gar nicht anders geschehen. Ebenso verhält es sich mit der Formulierung „Fest wird ihr auf den Hintern geschlagen." Jelinek macht uns hier deutlich, dass man(n) es eben so macht. In „die Spannung des Portals soll endlich nachlassen" befindet sich wieder eine Metapher, Jelinek verwendet den Ausdruck „Portal" für den Anus. Auch wird hier wiederum deutlich, dass der Mann die Frau gegen ihren Willen zum Verkehr zwingt und sie benutzt, wie es ihm gerade gefällt. Weiters schreibt die Autorin: „damit die Menge brüllend und schiebend ans Büffet stürzen kann, dieser liebe Verbund von Konsumenten und Lebensmittelpunktkonzernen." „Die Menge" verwendet sie meiner Meinung nach als Metapher um die Mächtigkeit des erigierten Gliedes zu beschreiben. Die brüllende und schreiende Menge hat als Ziel, das Büffet

[169] Jelinek, Elfriede: Lust. Reinbek bei Hamburg: Rowohlt [11]2004, S. 25.

zu erreichen, damit zeigt die Autorin uns die schlechte Essenskultur auf, die sie als Umschreibung für den schlechten Umgang der Männer mit den Frauen verwendet. Der Begriff „lieber Verbund" wird höchst ironisch verwendet. Mit „Konsumenten" meint Jelinek hier Hermann. Die Wortkonstruktion „Lebensmittelpunktkonzerne" ist meiner Meinung nach sehr aussagekräftig und vielschichtig. Mit Konzerne sind, denke ich, alle Männer gemeint. „Lebensmittelpunkt" hingegen ist das, was alle Männer wollen, in diesem Fall heißt dies also, dass alle Männer nur ficken wollen. Mit der Konstruktion „Hier sind wir und werden zum Dienst gebraucht." Drückt die Autorin die Selbstverherrlichung und Selbstvergötterung der Männer aus. Es scheint, als ob Frauen diese brutale Behandlung durch die Männer wollen würden, so wie sie geschieht und nicht anders. In dem Satz „Er reißt ihr den Arsch auf!" zeigt Jelinek uns abermals die unnötig brutale Behandlung auf, die Männer Frauen zu Teil werden lassen. Weiters schreibt sie: „Sein Gebein erbebt, und er verschwendet seinen ganzen Inhalt, viel mehr, als er an Geld einzunehmen vermochte, an die Frau, wie könnte sie nicht gerührt sein von diesem Strahl." „Er verschwendet seinen ganzen Inhalt" ist eine sehr negative Konstruktion. Es wird hier so beschrieben, als ob die Frau gar nicht zu würdigen weiß, was der Mann hier für sie tut. Die Frau wird herabgesetzt, das Sperma ist an sie verschwendet, da sie es nicht zu schätzen weiß. Der Satzteil „viel mehr, als er an Geld einzunehmen vermochte, soll uns deutlich machen, dass Sperma viel wertvoller ist als Geld und dass es deshalb auch mehr Achtung bekommen sollte. In „wie könnte sie nicht gerührt sein von diesem Strahl" wird wiederum darauf angespielt, dass die Frau dem Mann für seine schlechte Behandlung auch noch dankbar sein soll. Jelinek beschreibt dies sehr zynisch, die Frau muss gerührt sein vom Strahl des Mannes, es kann gar nicht anders sein, schon die Satzkonstruktion lässt nichts anderes zu. Im nächsten Satz wird die Beziehung zwischen Mann und Frau als Dienstleistungsverhältnis dargestellt: „und der erhält sie, solange er an ihrem Interieur und den Tapeten noch Gefallen findet.". Der Begriff „Interieur" und der Vergleich der Frau mit Einrichtungsgegenständen, würdigt Gerti aufs Schlimmste herab. Durch diese Gegenüberstellung wird Gerti ihre Menschlichkeit abgesprochen. Im Folgenden wird Hermann als „Geschäftsführer dieses Lokals" bezeichnet. Mit „Lokal" wird hier Gerti gemeint. Ein Geschäftsführer hat die Freiheit mit seinem Lokal zu machen was er möchte, ebenso wie der Ehemann mit der Gattin tun kann, wonach im sein Sinn steht. „Kein Gast außer ihm darf so viel frische Luft hereinlassen." stellt das Besitzverhältnis noch einmal ganz deutlich dar. Gerti gehört Hermann und kein anderer als er hat das Recht, sie zu berühren oder zu benutzen. Gleich im nächsten Satz wird das Besitzverhältnis nochmals ganz offensichtlich beschrieben: „Kein anderer als der Direktor kann die Frau so unter seinen Regen und seine Traufe zwingen." Jelinek baut hier das Sprichwort „vom Regen in die Traufe kommen" ein, womit sie dem Leser/der Leserin zeigt, dass selbst dann, wenn man denkt, es geht kaum noch schlimmer, etwas Schlimmeres kommt. Die Autorin schildert in dieser Textstelle, wie die Protagonistin von ihrem Ehemann durch den Dreck gezerrt wird. Sie verwendet in dieser Passage keine vulgären Wörter, sondern ersetzt diese durch Metaphern, die sie zum Beispiel aus Natur oder Gastwirtschaft heranzieht. Jelinek kreiert eine neue Sprache, wenn sie keine für sie passenden Wörter finden kann. Sie verwendet in ihren Werken zum Teil eine Art Metasprache.

An dieser Stelle kann man gut erkennen, dass „Lust" sich sprachlich stark von pornographischen Materialien unterscheidet. Jelinek umschreibt die Geschlechtsteile mit anderen Namen, die Vagina der Frau wird umschrieben mit „Ihr Laub, ihre Zweige biegt er auseinander."[170]. Der Geschlechtsakt selbst wird ohne jede Sinnlichkeit oder Erotik geschildert. Die verwendete Sprache soll auf keinen Fall erregend auf den Leser wirken. Aktiv am Geschlechtsverkehr nimmt nur der Mann teil, die Frau lässt ihn passiv über sich ergehen. Sie scheint keinerlei Lust oder Befriedigung am Geschlechtsakt zu empfinden. Dargestellt wird sie als ein beliebig austauschbares Objekt, das penetriert wird. Der Mann benutzt Gerti zu seiner sexuellen Befriedigung, ihre Gefühle sind nebensächlich. Somit sind der Sexualakt und die sexuelle Befriedigung ein nur männliches Bedürfnis.

Manchmal bleiben die Vorhänge während des Geschlechtsakts offen, es ist für den Mann anscheinend nicht störend, wenn andere zuschauen können. Im Text wird dies folgendermaßen beschrieben:

„Überall kann jeder hereinschauen und neidisch sein, wie viel Schönes von den Reichen verborgengehalten wird."[171]

Früher ist der Mann öfter in Bordelle gegangen. Doch im jetzigen Aidszeitalter ist dies zu gefährlich. So muss die Frau immerzu für seine Befriedigung herhalten. Gerti wird von ihrem Mann immerzu sexuell ausgebeutet. Ich würde sogar soweit gehen zu sagen, dass Gerti nur zur sexuellen Befriedigung des Ehemannes existiert. Die se-

---

[170] Jelinek, Elfriede: Lust. Reinbek bei Hamburg: Rowohlt [11]2004, S. 25.
[171] Ebd.: S. 18.

xuelle Ausbeutung der Frau ist einer der stärksten Kritikpunkte der Anti-Porno-Feministen/innen an der Pornographie. Jelinek hat diesen Punkt aufgegriffen und beschäftigt sich in ihrem gesamten Text damit, die Theorie der Anti-Porno-Fraktion anschaulich darzustellen.

Gerti beginnt schließlich zu trinken, um ihrem Elend und den dauernden Übergriffen durch Hermann zu entfliehen. Schließlich lernt sie Michael kennen, einen jungen Studenten, der auf Urlaub in Gertis Heimatort ist. Sie beginnt eine Affäre mit ihm und legt wieder mehr Wert auf ihr Äußeres. Doch auch hier kann sie keine sexuelle Erfüllung finden. Der einzige Unterschied zwischen Michael und Hermann ist, dass Michael ein eigenes Begehren in Gerti geweckt hat, das allerdings vielleicht nur als Verweigerung und Auflehnung gegen den Ehemann verstanden werden kann.[172] Eines Tages folgt sie Michael auf die Skipiste und wird von ihm und seinen Freunden missbraucht. Gerti ist an diesem Tag wieder betrunken. Jelinek verwendet an dieser Stelle von Männern geprägte Begriffe, die auch in die Pornographie Eingang gefunden haben.

„ Alle schlucken etwas aus der Taschenflasche, aber Michaels Schwanz ist immer noch ein rechter Flachmann, alles was recht ist. [...] An ihrer lieben Fut und an ihrem lieben After wird lachend gefinkelt und gefingert, oh, würde sie doch möglichst bald wieder vom Schlaf aufgefunden!"[173]

Hier bezeichnet Jelinek Michaels Penis, der noch nicht erigiert ist, als „Flachmann". Im selben Satz erwähnt sie aber auch den Gegenstand, den wir landläufig unter Flachmann verstehen, nämlich eine „Taschenflasche", die mit Schnaps befüllt wird. Gerti ist stark betrunken, während sie missbraucht wird, Jelinek schreibt hier „würde sie doch möglichst bald wieder vom Schlaf aufgefunden!". Ich denke, die Autorin meint damit, dass Gerti die ihr zugefügten Demütigungen erspart blieben. So muss sie diese zumindest nicht im wachen Zustand bei vollem Bewusstsein ertragen. Die Ausdrücke „an ihrer lieben Fut und an ihrem lieben After" wirken in dieser Szene höchst ironisch. Die Missbraucher genießen die Szene, sie lachen, während sie Gerti missbrauchen und benehmen sich wie auf einem Volksfest. Wie bereits in der oben beschriebenen Textpassage, erleidet Gerti auch hier Demütigungen und muss Brutalitäten über sich ergehen lassen, doch ist es hier nicht der Ehemann, der ihr diese zufügt, sondern der Liebhaber mit seinen Freunden, zu denen auch Frauen gehören.

---

[172] Vgl.: Neissl, Julia: Tabu im Diskurs. Sexualität in der Literatur österreichischer Autorinnen. Innsbruck; Wien; München: Studienverlag: 2001, 214.
[173] Jelinek, Elfriede: Lust. Reinbek bei Hamburg: Rowohlt [11]2004, S. 201.

Auch hier, wo Begriffe verwendet werden, die Eingang in pornographische Literatur finden, gibt es eine deutliche Grenze zur Pornographie. Jelineks Sprache lässt keine Erregung zu, egal welche Wörter verwendet werden.

Gerti wird von Michael ebenso benutzt und gedemütigt, wie von ihrem Ehemann. Trotzdem möchte sie ihn immer wieder sehen, bis Michael sie nicht mehr in sein Appartement lässt. Hermann holt seine Frau schließlich vor Michaels Appartement ab. Vor der Skihütte wird Gerti im Auto von ihrem Ehemann vergewaltigt. Michael schaut bei dieser Szene zu. So haben beide Männer gleichzeitig etwas von der Frau, Hermann befriedigt seinen Sexualtrieb, während der Student in die Rolle des Voyeurs schlüpft. In dieser Szene stellt Hermann klar, dass Gerti sein persönlicher Besitz ist.

Nachdem die Frau diese Demütigung ertragen hat, wird sie zurück nach Hause gebracht, wo das Leben so weiter geht, wie es auch bisher war. Da Gerti dies nicht mehr länger ertragen kann, tötet sie am Ende des Romans ihren Sohn, indem sie ihn mit einem Plastiksack erstickt und seine Leiche danach in den Bach schmeißt.

Um den Objektstatus der Frau noch deutlicher zu machen, wird die Protagonistin nicht gleich zu Anfang des Werks benannt. Erst später wird bekannt, dass sie Gerti heißt. Trotzdem erfahren wir nichts über ihr Leben, außer, dass sie immer bereit sein muss, ihrem Ehemann Befriedigung zu verschaffen. Namen haben in Jelineks Werk große Aussagefähigkeit, der Name Gerti zeigt die Bedeutungslosigkeit der Protagonistin auf und spiegelt zugleich die verächtliche Behandlung wider, die ihr zuteil wird.[174] Die anfängliche Namenlosigkeit der Frau kann zugleich als Mittel verstanden werden, die Allgemeingültigkeit des Gesagten hervorzuheben.[175]

Gerti ist das Objekt schlechthin. Der Ehemann lässt ihr in keinerlei Hinsicht die Chance auf Eigenständigkeit. Zu Beginn des Textes scheint es, dass Gerti sich in ihr Schicksal als Objekt gefügt hat und dieses resigniert hinnimmt. Doch als sie Michael kennenlernt, startet sie einen Ausbruchsversuch, der von Anfang an zum Scheitern verurteilt ist. Gerti glaubt, durch die Liebe zu Michael, zum Subjekt werden zu können, doch Michael betrachtet sie von Anfang an ebenso wie Hermann nur als Objekt. Der Versuch ihrem Schicksal zu entfliehen, kostet Gerti sehr viel Kraft, doch nichtsdestotrotz startet sie einen erneuten Versuch. So wie Elfriede Jelinek durch die „Kla-

---

[174] Vgl.: Mayer, Verena; Koberg, Roland: Elfriede Jelinek. Ein Porträt. Reinbek bei Hamburg: Rowohlt 2007, S. 171.
[175] Vgl.: Leis, Gerhard: „Lust oder Pornographie" – Eine Untersuchung zu Elfriede Jelineks Roman „Lust". Diplomarbeit. Univ. Wien 1992, S. 34.

vierspielerin" stellvertretend für alle Frauen die Mutter tötet, ermordet Gerti ihren Sohn, das Abbild seines Vaters, stellvertretend für Männer im Allgemeinen und Hermann im Besonderen. Ob Gerti dadurch der Ausbruch gelingt, bleibt in „Lust" dahingestellt. Meiner Meinung nach hat Gerti einerseits den Mut gefunden offen zu rebellieren, doch andererseits hat sie den Sohn nur aus Verzweiflung getötet, da der Mord eigentlich dem Ehemann gelten sollte.

In Lust sind dutzende Bezeichnungen für den Penis enthalten, aber auch für die Vagina werden einige andere Begriffe verwendet, die Worte werden zum Teil öfter gebraucht, einige werden im Folgenden aufgezählt:[176] Für das männliche Geschlecht: Stachel (S. 14), Schwanz (S.16), starkes Glied (S.17), Flaschenhals (S. 17), Werkstätte (S.19), Stempel (S. 19), Waffe (S. 21), elektrische Leitung (S. 26), kompaktes Brennstoffpaket (S. 31), Lendenwagen (S. 32), schwerer Genitalhaufen (S. 32), spuckender Spender (S. 32), Geschlechtswürste (S. 37), Expresszug, der da daherdonnert (S. 38), Büchsenöffner (S. 39), sein Stück Gut (S. 50), schwere Schöpfungsgeräte (S. 53), um seinen Senf zu seiner Wurst dazugeben zu können (S. 56), dicke Würste (S. 58), williges Fleischpflanzerl (S. 87), grober Glotz (S. 102), Hirtenspieß (S. 120), schwergefüllter Kelch (S. 52), Solo-Spargel (S. 193), Szepter (S. 245), … Für das weibliche Geschlecht: Fut (S. 16), Löcher (S. 16), Schamhaar (S. 17), Schamlippen (S. 17), Gebüsch (S. 25), Laub (S. 25), Zweige (S. 25), Lokal (S. 25), Tor (S. 26), Tunnel und Röhren (S. 28), klappernde Büchsen (S. 35), Loch (S. 37), ihre Öse (S. 37), Ritzen und Sprünge (S. 40), Kitzler (S. 40), Futlappen (S. 41), Rastplätze seiner Frau (S. 43), Zutritt zum Verkehrsort (S. 56), Klitoris (S. 57), dicke Wülste (S. 58), Fotze (S. 108), Muschi (S. 110), Schoß (S. 139), Möse (S. 153), scharf riechendes Fuchsloch (S. 173), … Bei den männlichen Bedeutungsfeldern können tierische, kriegerische, technische Begriffe aber auch Begriffe mit Bezug auf Essen und Religion unterschieden werden, bei den Frauen werden hingegen die üblich vulgärsprachlichen Bezeichnungen angeführt und zahlreiche Naturmetaphern verwendet.[177] Bereits an diesen, für die Geschlechtsorgane verwendeten Bezeichnungen, kann man die sexuelle Übermacht des Mannes erkennen.

Jelineks Ansicht über die Pornographie stimmt in einigen Punkten mit den Meinungen der Feministinnen Catherine MacKinnon, Andrea Dworkin und Alice Schwarzer überein, die sich strikt gegen die Pornographie aussprechen, da sie ihrer Meinung

---

[176] Vgl.: Neissl, Julia: Tabu im Diskurs. Sexualität in der Literatur österreichischer Autorinnen. Innsbruck; Wien; München: Studienverlag: 2001, S.216/217.
[177] Vgl.: ebd.: S. 219.

nach zur Unterdrückung und zu Gewalt gegen Frauen führt. So ist Pornographie für sie

„ein Akt des Tötens der Frau, ein Ritual der patriarchalen Herrschaftsausübung und -erhaltung des Mannes über die Frau". [178]

Jelinek knüpft mit „Lust" meiner Meinung nach an den theoretischen Diskurs der Anti-Porno-Feministen/innen an. Sie zeigt uns in ihrem Werk, dass die Pornographie für sie eines der wichtigsten Mittel zur Unterdrückung der Frau ist. Der Focus in „Lust" liegt vor allem darin, die Frau als ein Opfer des männlich dominierten Gesellschafts-systems darzustellen. Mit Gerti und ihrem Leid, durch die ständige Unterdrückung durch den Ehemann, kann und will man sich als emanzipierte Frau nicht identifizie-ren. Hier bleibt noch die Frage, ob Jelineks Intentionen von den Lesern auch so verstanden werden, wie sie dies möchte oder ob „Lust" auch andere Lesarten zu-lässt. Wie oben bereits geschildert, möchte Jelinek diesen Text als Antiporno ver-standen wissen. Mit der Frage, ob ihr dies gelingt oder nicht, möchte ich mich weiter unten in meiner Arbeit beschäftigen.

Der weibliche Körper wird in „Lust" in zweierlei Hinsichten kolonialisiert: Einerseits steht Gerti durch die Heirat dem Mann zu seiner sexuellen Befriedigung zur Verfü-gung, andererseits wird sie aber auch zur Produktion und Erziehung von Nachkom-men benutzt.[179] Im Gegenzug für ihre andauernde Verfügbarkeit, hat Gerti ein Dach über dem Kopf und kann durch das gute Einkommen des Gatten überleben. Doch scheint mir die totale Unterwerfung unter den Ehemann ein Recht hoher Preis für ein gesichertes Überleben zu sein.

Durch Michael versucht die Frau vom Sexualobjekt des Ehemannes zum Subjekt der Begierde des Liebhabers zu werden. Mit Michael erlebt Gerti erstmals einen Orgas-mus. Sie entdeckt durch ihn, dass auch sie als Frau sexuelle Lust und sexuelles Begehren erfahren kann. Doch auch Michael interessiert sich nicht für Gerti als Per-son, sondern ebenso wie Hermann, nur für die Frau als Sexualobjekt.[180] Der junge Mann denkt nicht einmal daran, ein Verhältnis mit der verheirateten Frau zu begin-nen, schon alleine deshalb, weil sie viel zu alt für ihn ist. Auch durch Michael erleidet

[178] Neissl, Julia: Tabu im Diskurs. Sexualität in der Literatur österreichischer Autorinnen. Innsbruck; Wien; München: Studienverlag: 2001, S.9.
[179] Vgl.: Heidemann-Nebelin, Klaudia: Rotkäppchen erlegt den Wolf. Marieluise Fleißer, Christa Reinig und Elfriede Jelinek als satirische Schriftstellerinnen. Bonn: Holos-Verlag 1994. (Holos Reihe Feministische Wis-senschaft Band 2), S.213/214.
[180] Vgl.: Ebd.: S. 215.

Gerti andauernde Demütigungen. Doch am Schlimmsten ergeht es ihr in der Szene, in der Hermann sie vor Michaels Appartement abholt und sie im Auto vergewaltigt. Hier wird sie vom Ehemann vor den Augen des vermeintlichen Liebhabers aufs Schlimmste gedemütigt. Doch beide Männer kommen in dieser Szene auf ihre Rechnung und werden von Rivalen zu Komplizen.

Der einzige Schutz der Frau, sich den Übergriffen des Mannes zu entziehen, ist der Sohn. Ist dieser gerade im selben Raum, beschränken sich die Übergriffe des Mannes auf gelegentliches Grabschen, wenn der Sohn gerade nicht zusieht. Doch trotzdem weiß der Sohn über das Sexualleben der Eltern Bescheid und nutzt die Verlegenheit hinsichtlich des Themas aus, um ständig neue Sportartikel gekauft zu bekommen.[181] Diese Sportartikel verleiht er dann für Geld an die anderen Dorfkinder. Der Sohn entwickelt sich immer mehr in Richtung des Vaters. Sämtliche Versuche der Mutter, seine Aufmerksamkeit zu erreichen und ihn zu pflegen, werden mit Schweigen belohnt.

Gemeinsam mit Gerti sieht Hermann sich pornographische Videos an. Während des Geschlechtsverkehrs möchte er dann die neu gesehen Stellungen probieren und imitiert die Sprache der Filme. In dem antipornographischen Text „Lust" wird also der Konsum pornographischer Filme integriert. Diese werden dann quasi als Waffe gegen Gerti eingesetzt. Sie muss sich dem Ehemann beugen und Material konsumieren, das ihre Persönlichkeit verletzt und angreift. Nach dem Konsum bleibt ihr nichts anderes übrig, als das eben Gesehene mit Hermann nachzustellen und die Ausdrücke, die er eben in den Filmen gehört hat, über sich ergehen zu lassen. Der Konsum pornographischer Videos ist ein weiterer Schritt Gerti zu zermürben und in ihrem Objektstatus gefangen zu halten.

Die Frau hat nicht nur keine eigenständige Sexualität, sie hat auch keine eigene Sprache. Das Sprechen der Frau als Subjekt ist nicht vorgesehen, schon gar nicht im sexuellen Bereich, in dem die Frau in traditioneller Weise nur Objekt ist.[182] Darin spiegelt sich Jelineks Meinung wider, dass es keine weibliche Sprache für die Sexualität gibt. Die vorhandene Sprache spricht aus der Sicht der Männer und zeigt somit

---

[181] Vgl.: Vis, Veronika: Darstellung und Manifestation von Weiblichkeit in der Prosa Elfriede Jelineks. Frankfurt am Main: Europäischer Verlag der Wissenschaften 1998. (Europäische Hochschulschriften, Reihe 1, Deutsche Sprache und Literatur Band 1690), S. 403.
[182] Vgl.: Heidemann-Nebelin, Klaudia: Rotkäppchen erlegt den Wolf. Marieluise Fleißer, Christa Reinig und Elfriede Jelinek als satirische Schriftstellerinnen. Bonn: Holos-Verlag 1994. (Holos Reihe Feministische Wissenschaft Band 2), S. 248.

nur die Sicht des Mannes auf das Objekt auf. Eine eigene Sprache der weiblichen Sexualität existiert nicht. Dies bedeutet:

Für Frauen ist es offenbar nicht vorgesehen, über Sexualität zu sprechen. Denn unsere Sprache ist für ein handelndes Subjekt genormt, das die Frau nicht sein darf, weil sie sonst das Begehren des Mannes auslöschen könnte. Versucht sie dennoch zu artikulieren, so besteht auf der sprachlichen Ebene die Gefahr, in die Sprache der Männer zu fallen.[183]

Jelinek übt in „Lust" Kritik an der männlichen Sprache über Sexualität, da sie keine weibliche finden kann. Teilweise wird ihr Text durch Übertreibungen zur Satire. Ehemann und Sohn dominieren sie in allen Lebensbereichen.

Die sexuelle Überwältigung und die verbale Überwältigung finden simultan statt. Der Mann ist der Sprache und der Gewalt mächtig. Die Welt der Frau ist das Schweigen, sie hat ‚nur das stumme Reich ihres Körpers'.[184]

Jelinek geht es in der Beschreibung sexueller Erlebnisse primär um die Spiegelung gesellschaftlicher Herrschaftsverhältnisse.[185] Die Ehe drückt in Jelineks Werk immer ein Herrschaftsverhältnis aus. Der Mann ist der Beherrschende, der seine Ehefrau besitzt. Die Texte der Autorin zeigen eine patriarchale und kapitalistische Gesellschaft auf. Die Darstellung der Sexualität ist sehr drastisch, Frauen können im Gegensatz zu Männern keine Lust und Befriedigung gewinnen, sondern nur Demütigung und Gewalt erfahren.

Elfriede Jelinek selbst über die Darstellung der Sexualität in ihrem Werk:

„In dem, was ich schreibe, gibt es immer wieder drastische Stellen, aber die sind politisch. Sie haben nicht die Unschuldigkeit des Daseins und den Zweck des Aufgeilens. Sie sollen den Dingen, der Sexualität, ihre Geschichte wiedergeben, sie nicht in ihrer scheinbaren Unschuld lassen, sondern die Schuldigen benennen. Die nennen, die sich Sexualität aneignen und das Herr/Knecht-Verhältnis zwischen Männern und Frauen produzieren. Im Patriarchat ist es auch heute noch so, dass nicht Männer und Frauen gleichermaßen genießen, wie sie genießen wollen. Ich will dieses Machtverhältnis aufdecken. Das Obszöne ist dann gerechtfertigt, wenn man den Beziehungen zwischen Männern und Frauen die Unschuld nimmt und die Machtverhältnisse klärt. Man merkt oft in der Darstellung, dass es einem nicht mehr gelingt, seine Figuren zu bewegen. Der Text wird immer statischer und erklärender, weil es offenbar für Frauen nicht vorgesehen ist, einfach die Pornografie zu beschreiben, wie

<hr/>

[183] Heidemann-Nebelin, Klaudia: Rotkäppchen erlegt den Wolf. Marieluise Fleißer, Christa Reinig und Elfriede Jelinek als satirische Schriftstellerinnen. Bonn: Holos-Verlag 1994. (Holos Reihe Feministische Wissenschaft Band 2), S. 249.
[184] Vis, Veronika: Darstellung und Manifestation von Weiblichkeit in der Prosa Elfriede Jelineks. Frankfurt am Main: Europäischer Verlag der Wissenschaften 1998. (Europäische Hochschulschriften, Reihe 1, Deutsche Sprache und Literatur Band 1690), S. 409.
[185] Vgl.: Winkler, Susanne: Frau und Gesellschaft in den Erfolgsromanen Elfriede Jelineks. Diplomarbeit. Univ. Wien 1996, S. 52.

das die Männer immer gekonnt haben. Nicht umsonst gibt es kaum literarisch interessante weibliche Pornografie."[186]

Die Frau ist in Jelineks Texten nur als Objekt greifbar. Die Männer in ihrem Subjektstatus sind dominant und benutzen die Frauen, wie es ihnen gerade passt. Die männliche Sexualität wird gerade in „Lust" als eine durch und durch sadistische beschrieben. Auf die Gefühle der Frauen wird dabei keinerlei Rücksicht genommen. Die männliche Befriedigung wird durch aggressives Verhalten gegenüber den Frauen erreicht. Masochismus wird in sämtlichen Texten als natürlich weiblicher Charakterzug dargestellt. [187]

Für Mann und Kind verzichtet Gerti, wie auch die anderen Protagonistinnen in Jelineks Werk, auf Arbeit. Die Frauen müssen vom Mann erhalten werden, was diesem das Recht gibt, die Frauen beliebig zu benutzen. Die Frauen verzichten auf Beruf und Ausbildung, um sich ganz Haushalt, Kindern und Männern widmen zu können, wie es dem Frauenbild der Patriarchen entspricht.

Die Figuren in „Lust" sind keine psychologisch ausgefeilten Charaktere, da nicht individuelle Schicksale geschildert werden, sondern kollektive Denk-, Sprach- und Verhaltensmuster aufgezeigt werden sollen.[188] So ist die Frau in „Lust" anfangs namenlos, erst später wird bekannt, dass sie Gerti heißt. Die anfängliche Namenlosigkeit unterstreicht, dass es sich nicht um eine bestimmte Frau handelt, sondern dass sich quasi jede Frau mit Gerti identifizieren kann. Ebenso verhält es sich mit dem Namen des Mannes. Gerade durch den Namen Hermann wird deutlich, dass es sich hier um jeden beliebigen Mann handeln kann. Hermann steht als Synonym für alle anderen Männer, ebenso wie Gerti dies für die Frauen tut.

Die Frage, ob „Lust" nun Pornographie oder Antipornographie ist, ist sehr schwierig zu beantworten. Es gibt viele Dinge, die uns den Roman als pornographischen verstehen lassen, doch ebenso viele sprechen gegen diese Auffassung des Textes. Für „Lust" als pornographischen Roman würden die Inhaltskategorien ‚Aggression und Gewalt', ‚Vergewaltigung' und ‚Sexismus' sprechen, diese Themen sind relevant für die Hardcore-Pornographie und sind alleine oder gekoppelt in vielen populären Pornofilmen zu finden.[189] Ebenso finden Masochismus und Sadismus, sowie die Domi-

---

[186] Gehrke, Claudia (Hg): Frauen & Pornographie. Tübingen: Konkursbuch Verlag Claudia Gehrke 1989, S. 103.
[187] Vgl.: Winkler, Susanne: Frau und Gesellschaft in den Erfolgsromanen Elfriede Jelineks. Diplomarbeit. Univ. Wien 1996, S. 55.
[188] Vgl.: Leis, Gerhard: „Lust oder Pornographie" – Eine Untersuchung zu Elfriede Jelineks Roman „Lust". Diplomarbeit. Univ. Wien 1992, S. 34.
[189] Vgl.: ebd.: S. 44.

nanz des Mannes über die Frau, Eingang in das Werk. Kennzeichnend ist auch, dass Gerti von ihrem Mann Geschenke für ihre „Dienste" bekommt, sie wird also wie eine Hure dargestellt.[190] Ursprünglich hat die Pornographie über das Leben der Huren berichtet. Gertis Darstellung als die Prostituierte ihres Mannes und Michaels würde also für „Lust" als Pornographie sprechen. Gegen Lust als Pornographie spricht die teilweise abscheuliche Schilderung der Übergriffe Hermanns auf Gerti. Auch die Wortwahl lässt teilweise nicht an Pornographie denken. Der Text arbeitet ohne jede Erotik, so dass er wahrscheinlich auf die meisten Menschen nicht erregend wirken kann. Doch trifft dies nicht auf das ganze Werk zu. Meiner Meinung nach gibt es in „Lust" sehr wohl einige Szenen, die erregend auf manche Leser/innen wirken können. Außerdem denke ich, dass manche Männer, deren Einstellung zum weiblichen Geschlecht der Einstellung Hermanns ähnelt, durch die Lektüre von „Lust" noch in ihrem Verhalten bestätigt werden. Da Jelinek durch ihre gehobene Sprache jedoch eher der Bildungselite vorbehalten bleibt, ist diese Bestätigung der Patriarchen vielleicht nebensächlich.

Gerhard Leis definiert Elfriede Jelineks Kapitalismuskritik, das Patriarchat als unabänderliches und unverrückbares System männlicher Sexual- und Gewaltherrschaft, andererseits sieht er durch sie den Identifikationsimperativ der Frau mit sich selbst als Opfer durch Jelinek ausdauernd bewahrt.[191] In der klassischen Pornographie wird dies durch die Stellung des männlichen Geschlechtsteils dargestellt:

„In der klassischen Pornographie steht der Schwanz ja für den ganzen Mann. Die Frauen werden dargestellt als besessen, magnetisch angezogen, erschüttert oder unterworfen usw. von diesem gigantischen Körperteil."[192]

Auch in „Lust" hat der männliche Penis große Bedeutung. Hermanns Geschlechtsorgan wird oftmals beschrieben, es ist immer bereit für den Akt, oft mehrmals am Tag. Im Gegensatz dazu hat Michael Probleme mit Impotenz, allerdings beweist sein Penis Gerti dann doch noch seine Männlichkeit.

Gerti bemerkt in „Lust", dass das Alter bereits beginnt, seine Spuren an ihr zu hinterlassen. Michael, den sie begehrt, zieht eine Beziehung mit ihr nicht einmal in Erwägung. Ein Grund dafür ist, dass Gerti bei weitem zu alt für ihn als jungen Studenten ist. Auffallend ist auch, dass das Alter seine Spuren nur an der Frau hinterlässt, nicht

---

[190] Vgl.: ebd.: S. 45.
[191] Vgl.: Leis, Gerhard: „Lust oder Pornographie" – Eine Untersuchung zu Elfriede Jelineks Roman „Lust".
Diplomarbeit. Univ. Wien 1992, S. 55.
[192] Ebd.: S. 55.

aber am Mann. Hermann kann keine Alterserscheinungen an seinem Körper feststellen, auch sein Penis ist immerzu bereit, wie er es auch in jungen Jahren war. Gerti macht sich für Michael hübsch, sie kauft sich neue Kleidung, geht zum Friseur und schminkt sich wieder. Frauen wollen dadurch die Spuren des Alters, die die Zeit an ihnen hinterlässt, vertuschen. Doch Michael sieht hinter die Kulissen, alle Bemühungen Gertis helfen nichts, sie kann die Spuren des Alterns, die ihren Körper verwüsten, nicht mehr verbergen.

In jedem pornographischen Text lassen sich religiöse Motive finden, Zentralmotiv ist dabei die Gottgleichheit des männlichen Helden, der seine Verfügungsgewalt über die Frau als Geschöpf motivieren soll.[193] Auch in „Lust" finden religiöse Motive Eingang. Hermann wird teilweise zu einem Gott emporgehoben. Er ist der Herrscher über die Papierfabrik und gleichzeitig herrscht er auch über seine Frau und seinen Sohn, die ihm untertänig sind. Die Familie, Vater – Sohn – Mutter, wird mit der heiligen Trinität auf eine Ebene gestellt. Hermann wird als der Schöpfer der Frau dargestellt, Gerti ist sein persönliches Werk. Doch ebenso verfährt er mit dem Sohn, der sein Eigentum ist und den Angestellten seiner Papierfabrik, die ihm untertänig sind.

Die Frage, ob „Lust" nun ein pornographischer oder ein antipornographischer Roman ist, ist für mich nicht beantwortbar. Auf mich wirkt es wie ein Antiporno, doch kann ich mir gut vorstellen, dass manche Menschen bei der Lektüre von „Lust" zumindest an einigen Stellen Erregung verspüren.

5.2. Marlene Streeruwitz – Verführungen.

Der Roman „Verführungen" ist 1996 erstmals erschienen. Nach einigen Theaterstücken war es das erste Prosawerk der Autorin, das veröffentlicht wurde. Durch den Roman ist Streeruwitz einer breiteren Bevölkerungsschicht bekannt geworden. Die Kapitel des Romans haben keine Überschriften. Die Autorin setzt Absätze meistens dann, wenn es Orts- und Handlungsänderungen gibt.

Durch den Titel „Verführungen. 3. Folge. Frauenjahre." wird der Eindruck eines Fortsetzungsromans vermittelt, der erotischen Inhalt hat.[194] Allerdings ist dies nur eine

---

[193] Vgl.: Leis, Gerhard: „Lust oder Pornographie" – Eine Untersuchung zu Elfriede Jelineks Roman „Lust". Diplomarbeit. Univ. Wien 1992, S. 59.

[194] Vgl.: Nowak, Eva Maria: Marlene Streeruwitz: Verführungen. Eine Analyse unter Berücksichtigung besonderer Aspekte des Romans. Diplomarbeit. Univ. Wien 1998, S. 21.

Anspielung, der Roman hat weder zwei vorhergehende Teile noch erotischen Inhalt. Möglicherweise ist dies ein Verweis auf die „Schundromane", die es in den Trafiken billig zu kaufen gibt.

„Verführungen" beschreibt einige Monate aus dem Leben Helene Gebharts. In Rückblenden erfährt man über die zerbrochene Ehe und ihre Kindheit.[195] Der Vater wird als Patriarch dargestellt, der die Familie fest im Griff hat. Die Mutter getraut sich nicht, ihm die Stirn zu bieten und sich auf die Seite ihrer Tochter zu stellen. Durch die Heirat mit Gregor ist Helene der Rückgang ins Elternhaus für immer verwehrt. Als Kind wurde sie vom Vater geschlagen, ihr Verhältnis zu ihm ist bis heute nicht das beste. Ihre jüngere Schwester lebt noch daheim, doch weiß sie nicht, wie es dieser ergeht.

Der Text ist gekennzeichnet durch kurze, knappe Sätze. Es werden nur wenige Adjektive und Nebensätze verwendet, die nicht nur zeigen, dass es im Leben der Protagonistin keine Haupt- und Nebenhandlungen gibt, sondern auch das Verhältnis der Autorin zu Nebensätzen darstellen[196]:

Im Nebensatz ist die Lüge ja endgültig versteckt. Dort beginnt das Kleingedruckte. Ich habe in der Landwirtschaftspolitik jahrelang beobachtet, dass der Betrug des Bauern im Nebensatz passiert. Diese Sonntagsreden entwickeln eine absolut wahnwitzige Verschleierungstaktik.[197]

Durch die gehäuften Hauptsätze wird im Roman Tempo erzeugt, es bleibt keine Zeit zum Nachdenken so wie auch Helene keine Zeit bleibt, nachzudenken, sondern sie einfach durch die Handlung vorwärts getrieben wird.[198]

Streeruwitz' Einstellung zur Pornographie würde ich, an Hand ihres Romans „Verführungen" und der oben geschilderten theoretischen Positionen, den liberalen Feministinnen zuschreiben. In ihrem Roman spricht sie nicht abwertend über Sexualität und erwähnt die Pornographie auch nicht direkt, doch zwischen den Zeilen gelesen würde ich sagen, dass sie Pornographie als kulturelles Phänomen akzeptiert, ebenso wie die liberalen Feministen/innen dies tun. Ich denke, sie sieht Pornographie nicht als etwas Positives, aber als etwas, was unwiderruflich existiert und deswegen akzeptiert werden muss. Die Intentionen, die Streeruwitz mit ihrem Werk verfolgt, sind

---

[195] Vgl.: Nowak, Eva Maria: Marlene Streeruwitz: Verführungen. Eine Analyse unter Berücksichtigung besonderer Aspekte des Romans. Diplomarbeit. Univ. Wien 1998, S. 21.
[196] Vgl.: ebd.: S. 23.
[197] Ebd.: S. 24.
[198] Vgl.: ebd.: S. 24.

meiner Meinung nach zumindest bei „Verführungen" aufgegangen. Die Autorin zeigt, neben der Schwierigkeit als allein erziehende Mutter zusätzlich zur Arbeit im Büro, den Kindern gerecht werden zu können und gleichzeitig ein erfülltes Liebesleben zu haben, auch das Problem der Frauen zwar sexuelle Wünsche zu haben, diese aber auf Grund des Geschlechts nicht artikulieren zu können. Ihre Intentionen werden in dem Werk sehr klar dargebracht und kommen deshalb beim Leser/bei der Leserin auch deutlich und unverschleiert an.

„Verführungen" wird aus der Sicht Helenes erzählt. Es gibt keinen allwissenden Erzähler. So kommt es auch vor, dass Dinge, die sich die Protagonistin vorstellt, schließlich in veränderter Form eintreffen. Das Erzählen aus Helenes Sicht lässt zu, sich mehr mit ihr zu identifizieren. Als Leser/in wird man mit ihr gemeinsam enttäuscht, es wird durch diese Erzählform mehr Raum geboten, mitzuleben und auch mitzuleiden. Über die anderen Figuren des Romans erfährt man konkret nur das, was Helene über sie weiß. Doch da der/die Leser/in mehr Abstand zu den Figuren in ihrem Umfeld hat, kann er/sie diese vielleicht besser einschätzen. Dies ist zum Beispiel an der Figur Henryk erkennbar. Helene hofft auf eine dauerhafte Beziehung mit ihm. Sie erkennt zeitweise zwar seine Unzuverlässigkeit und seine Sprunghaftigkeit, möchte sie dies aber nicht wahrhaben. Für den Leser ist hingegen klar, dass aus diesem Verhältnis nur dann eine dauerhafte Beziehung entstehen kann, wenn Henryk sich um 180 ° wendet. Er hat kein Interesse an ihren Sorgen und Nöten, mehr oder weniger interessiert er sich nur für sich selbst. Helene, in ihrer Verzweiflung und ihrer direkten Beteiligung an der Beziehung, kann dies nicht erkennen. Dadurch, dass der Roman aus der Sicht Helenes erzählt wird, kann der Leser/die Leserin seiner Phantasie freien Lauf lassen. Dinge, die die Hauptfigur sich vorstellt, können in ganz anderer Form eintreten, als zuvor angenommen. Diese Erzählart stößt allerdings teilweise an ihre Grenzen, da nur Helenes subjektive Sicht geschildert wird und so die manchmal notwendige Objektivität fehlt. Der Blickwinkel der Männer auf die Frauen ist in „Verführungen" ein anderer, als in pornographischen Texten. Zwar werden auch hier die Frauen zu Objekten, doch sind sie nicht reine Sexualobjekte, die ständig an Sex denken und nur für die Befriedigung der Männer existieren. Die Frauen haben bei Streeruwitz' zumindest teilweise die Möglichkeit, freie Entscheidungen zu treffen und ihr Leben selbst zu bestimmen. Henryk macht Helene zum Objekt, aber sein Interesse an ihr liegt nur am Anfang der Beziehung in sexueller Hinsicht. Später hat er kein sexuelles Verlangen mehr nach ihr, sondern es ist ihm wichtiger, einen Platz zum Wohnen und jemand, der ihn in finanzieller Hinsicht unterstützt, zu haben. Auch das Begehren des Ehemannes ist mit dem Beginn seiner Affäre verloren gegangen. Generell würde ich also sagen, dass Streeruwitz ganz anders arbeitet, als dies in pornographischen Texten oder Filmen der Fall ist. Die Pornographie ist dadurch gekennzeichnet, dass Männer und Frauen nur Sex miteinander haben wollen, egal in welcher Beziehung sie sich zueinander befinden. In „Verführungen" wird Helene die geschlechtliche Liebe entzogen, wodurch sie merkt, dass in der Beziehung etwas nicht so läuft, wie es laufen sollte.

Die Sprache, die Streeruwitz in „Verführungen" verwendet, besitzt große Nähe zur Alltagssprache der Menschen.

Orte und Ortsangaben sind in „Verführungen" von großer Bedeutung. Die genannten Schauplätze existieren alle in der Realität.

Aber nicht nur Nähe und Realität wird mit den Ortsnennungen suggeriert, sie ermöglichen der Autorin auch, den Alltag einer Frau und Mutter zu zeichnen, sich auf ihr Leben einzulassen.[199]

Hautschauplatz der Handlung ist Wien. Die Wohnbezirke der einzelnen Figuren werden genannt, die Figuren sind gleichzeitig mit dem Ort, an dem sie leben, verwoben. Die Milieuzugehörigkeit wird quasi durch den Wohnort angezeigt.

Orte der Erholung mit den Kindern sind sowohl in Wien als auch außerhalb Wiens zu finden. Helene lebt im 19. Bezirk, in dem es relativ viele Grünflächen und Parks gibt. Dies ist für das Leben mit Kindern optimal. Doch trotzdem fährt sie mit den Mädchen, manchmal gemeinsam mit Henryk, auch hinaus aus Wien. Sie besuchen den Wienerwald oder fahren bis ins Nahe gelegene Weinviertel oder Burgenland. Doch dienen diese Ausflüge nur der Erholung, Helene zieht es nicht in Betracht, mit den Kindern gemeinsam aufs Land zu ziehen.

Wichtigen Stellenwert innerhalb des Romans hat auch das Café. Helene und ihre beste Freundin und innigste Vertraute Püppi treffen sich oftmals im Café, um miteinander zu tratschen. Helene entdeckt, dass Püppi ein Verhältnis mit Gregor hat, während sie in einem Café sitzt. Auch das Zusammentreffen mit Gregor zu Ende des Romans findet in einem Café statt, da Helene sich hier in der Öffentlichkeit einfach sicherer fühlen kann. Es dient als Ort der Entspannung, für private Treffen aber auch für geschäftliche Gespräche.

---

[199] Nowak, Eva Maria: Marlene Streeruwitz: Verführungen. Eine Analyse unter Berücksichtigung besonderer Aspekte des Romans. Diplomarbeit. Univ. Wien 1998, S. 74.

Um Henryk besser kennen zu lernen und seine Wohnung zu sehen, fährt sie über das Wochenende nach Italien. Doch auch dadurch kann sie ihm nicht näher kommen. Helene ist über den Ausflug nach Mailand enttäuscht.

Sie ist allein erziehende Mutter zweier Töchter und lebt in Wien. Ihr Mann, der an der Universität lehrt, hat sie wegen seiner Sekretärin verlassen. Unterhaltszahlungen bekommt Helene von ihm nicht. Einerseits hofft Helene, dass Gregor zurück kommt, andererseits hofft sie aber, dass er es nicht tut. So beginnt sie Beziehungen mit anderen Männern. Zu Beginn des Romans trifft sie sich mit Alex, mit dem sie einmal ein Verhältnis hatte. Er hat sich seit längerer Zeit nicht mehr bei ihr gemeldet. Nach dem gemeinsamen Essen fahren die beiden in ein Stundenhotel:

Alex warf sie nach hinten auf das Bett und beugte sich über sie. [...] Sie musste lachen. Dann war alles ganz einfach. Als wäre die Zeit in den Juli des vergangenen Jahres zurückgedreht. Oder in den Juni. Den Mai. Alex ließ ihr wie immer keine Möglichkeit etwas vorzutäuschen. Er saugte so lange an ihr, bis gar nichts anderes möglich war als ein Orgasmus. Dann schob er sie auf sich und kam, während sie ihn ritt. Wie damals hielt er sie lange. Helene schreckte aus einem tiefen Schlaf hoch. Es war 3 Uhr in der Nacht. Alex schlief. Helene begann sich anzuziehen. Alex wachte auf, als sie nach ihrer Unterwäsche im Bett suchte. Verschlafen fragte er sie, mit wem sie denn in der Zwischenzeit im Bett gewesen wäre. Sie wäre irgendwie anders. Erweckt.“[200]

Im Gegensatz zu Jelineks „Lust“, hat die Protagonistin in Verführungen eine eigene Sexualität. Sie hat Spaß am Sex und ist auch dazu in der Lage, Lust zu empfinden. Die Frau ist hier aktiv am Liebesspiel beteiligt, sie hat nicht nur den Status eines Objekts, das benutzt wird.

Um den Unterhalt für sich und die Kinder aufbringen zu können, arbeitet Helene in einem Büro als Sekretärin. Bevor sie Gregor kennen gelernt hat, hat sie studiert, doch hat sie das Studium mit der Heirat und der Geburt der Kinder aufgegeben. Der Job ist nicht so einfach zu bewältigen, da Helene eine gute Mutter sein möchte, die sich um die Kinder kümmert und ihnen ihr Essen zubereitet. Außer Mutter, ist Helene aber immer noch Frau. Sie hat sexuelle Bedürfnisse und sehnt sich nach einer Beziehung. Arbeit, Kinder und Privatleben unter einen Hut zu bekommen, ist mehr als schwierig. Die Protagonistin hetzt von Ort zu Ort.

Ihre einzige Vertrauensperson ist ihre Freundin Püppi. Doch auch von dieser bekommt sie wenig Unterstützung. Püppi hat selbst eine kleine Tochter und neben ständig wechselnden Liebhabern auch noch ein Alkoholproblem. Sie benötigt andauernd Helenes Trost und Hilfe, doch selbst hilft sie Helene kaum. Eines Tages sieht

---

[200] Streeruwitz, Marlene: Verführungen. 3. Folge. Frauenjahre. Frankfurt am Main: Fischer 32007, S. 14.

Helene zufällig Püppi und ihre Tochter gemeinsam mit Gregor. So findet sie heraus, dass ihre beste Freundin ein Verhältnis mit ihrem Noch-Ehemann hat. Daraufhin liegt die Freundschaft auf Eis. Püppi stirbt schließlich an den Folgen ihres Alkoholproblems.

Helenes Liebhaber Henryk ist auch keine Unterstützung, weder in finanzieller Hinsicht noch bei der Lösung ständig auftretender Probleme. Er ist Hammerpianist und lebt in Mailand. Wenn er aus Wien abreist, verspricht er jedes Mal, sich zu melden, doch ist er sehr unzuverlässig. Helene wartet oft wochenlang vergebens auf einen Anruf, plötzlich ist er dann wieder da. Schließlich zieht er eine zeitlang bei Helene ein, nutzt sie aber nur finanziell aus. Helene ist verzweifelt. Sie sehnt sich nach einer richtigen Beziehung, diese kann sie mit Henryk nicht führen. Alle Ängste und Sorgen kann sie nur während sexueller Erlebnisse vergessen:

„Es war Mittagszeit. Niemand unterwegs. Alle bei ihren Sonntagsessen. Mit den Muttertagsmüttern. Helene zog Henryk zu Boden. Beugte sich über ihn. Sie zog den Zippverschluß seiner Flanellhose auf und nahm ihn in den Mund. Sie schleckte, leckte, sog und rieb an seinem Schwanz. Mit den Lippen. Mit der Zunge. Am Gaumen. Sein Samen füllte ihren Mund. Sie bekam einen Augenblick keine Luft. Sie hätte noch lange so weitermachen können. Sie hatte alles andere vergessen." [201]

Streeruwitz verwendet hier sehr kurze Sätze, die zum Teil sprachlich inkorrekt sind. Diese „Sätze" wie „Mit den Lippen.", „Mit der Zunge." Oder „Am Gaumen." verwendet sie zum Erzeugen eines Rhythmus. Man könnte diesen Rhythmus mit Helenes Saugen vergleichen. Die Geschlechtsteile werden zwar benannt, doch wirkt der Begriff „Schwanz" hier nicht vulgär oder obszön, sondern als normaler umgangssprachlicher Ausdruck. Die Autorin verwendet, im Gegensatz zu Jelinek, keine Metaphern. Auch fehlen hier die für Jelinek typische Herabwertung der Frau, sowie die Brutalität des Mannes. Im Gegensatz zu „Lust", schreibt diese Autorin hier in kurzen deutlichen Sätzen, was sie sagen möchte und verschleiert dies nicht hinter einer poetischen Sprache.

Auch diese Zuflucht bleibt ihr bald verwehrt. Henryk beginnt abends alleine auszugehen, er fragt Helene nicht einmal mehr, ob sie vielleicht mitkommen möchte. Jede Nacht kommt er noch später nach Hause, dafür verbringt er den halben Tag im Bett. Sex haben die beiden fast keinen mehr:

---

[201] Streeruwitz, Marlene: Verführungen. 3. Folge. Frauenjahre. Frankfurt am Main: Fischer ³2007, S. 179.

„Und sie sollten einander lieben. Aber Henryk hatte nie mehr Lust. Er musste über seine Situation nachdenken. Und Helene getraute sich nicht mehr, so über ihn herzufallen wie am Anfang. Helene musste es Henryk überlassen, wann. Und Henryk kam nicht so oft auf die Idee. Nicht so oft, wie Helene es gern gehabt hätte.“[202]

Hier ist es die Frau, die ein größeres Bedürfnis nach Sex und körperlicher Zuneigung hat als der Mann. Allerdings traut sich die Frau hier nicht ihre Triebe so auszuleben wie ein Mann. Sie kann den Geschlechtsverkehr nicht einfordern, sich nicht einfach nehmen, was sie möchte, so wie Hermann dies in „Lust“ tut.

Die sexuelle Ausbeutung der Frau, wie sie teilweise in der Pornographie passiert, findet nur indirekt Eingang in „Verführungen“. Zu Beginn der Beziehung mit Henryk hat Helene ein erfülltes Sexualleben, doch im Laufe der Zeit findet er immer mehr Gefallen daran, alleine auszugehen, als Zeit mit der Freundin zu verbringen. In dieser Hinsicht beutet er die Frau sexuell nicht aus, die Ausbeutung erfolgt hier auf einer anderen Ebene. Im Laufe des Romans kann man erkennen, dass Henryk Helene nicht wirklich liebt, wahrscheinlich hat er neben ihr noch andere Affären und nutzt sie nur finanziell aus. Die Frau fühlt sich allerdings geliebt und betet den Hammerpianisten an. Die sexuelle Ausbeutung geschieht hier unter dem Deckmantel der Liebe. Helene führt eine intime Beziehung mit Henryk nur deshalb, weil sie sich von ihm geliebt glaubt. Dadurch, dass er dieses Gefühl allerdings nur vortäuscht, beutet er sie in sexueller Hinsicht aus.

Helenes Leben gestaltet sich finanziell immer schwieriger. Durch den Verkauf von Wertgegenständen versucht sie sich über Wasser zu halten. Doch ihre Sorge was passiert, wenn es nichts mehr zu verkaufen gibt, ist groß.

Um zumindest Unterhaltszahlungen von Gregor zu bekommen, reicht Helene die Scheidung ein. Dadurch werden die Probleme nicht geringer. Gregor beginnt ihr zu drohen. Er sagt, er werde das Sorgerecht für die Kinder beanspruchen. Helene bekommt es immer mehr mit Angst zu tun.

Schließlich werden Helene Unterhaltszahlungen für die Kinder zugesprochen, Gregor muss alles nachzahlen. Die Scheidung steht ebenfalls kurz bevor. Helene hat den Job als Sekretärin gekündigt, sie hat sich am Arbeitsamt gemeldet, um Computerkurse zu besuchen und ihre Chancen auf eine Anstellung zu erhöhen.

Sexualität ist ein wichtiges Thema im Roman. Obwohl Henryk Helene durch seine Abwesenheiten quält, indem er sich nicht meldet, fühlt sie sich sofort wieder sexuell von ihm angezogen, wenn er auftaucht.

---

[202] Streeruwitz, Marlene: Verführungen. 3. Folge. Frauenjahre. Frankfurt am Main: Fischer [3]2007, S. 188.

Auch Masturbation zur Befriedigung der weiblichen Sexualität findet Eingang in den Roman und wird an verschiedenen Stellen geschildert:

„Helene versuchte sich einen der Helden nackt vorzustellen. Sie griff sich zwischen die Beine. Sie drehte die Schamhaare um den Zeigefinger. Sie ließ den Mittelfinger weitergleiten. Es war warm. Fast trocken. Hart. Sie konnte das Schambein fühlen. Helene versuchte ihre Brustwarzen zu streicheln. Wenigstens das Kitzeln in der Kehle und unter dem Nabel wollte sie spüren. Die Brustwarzen stellten sich nur auf, wenn Helene sie fest drückte. Streicheln half nichts."[203]

Auch hier verwendet Streeruwitz, ebenso wie bei der oberen Textstelle, sehr kurze einfache Sätze, die ebenfalls zum Teil grammatikalisch inkorrekt sind. Sie beschreibt hier Helenes Versuch, sich selbst zu befriedigen, indem diese sich den Helden eines Western nackt vorstellt. Die Autorin beschreibt sehr genau, wie die Protagonistin sich selbst berührt, um sich zu erregen. Sie verwendet dafür keine vulgären Ausdrücke, obwohl sie detailliert schildert. Die Sprache lässt Helenes Verzweiflung auf Grund der nicht eintreten wollenden Erregung erkennen. Mit wachsender Ungeduld werden die Berührungen immer härter.

An anderer Stelle heißt es:

„Helene fuhr die lange Strecke durch die Po-Ebene. Die Hitze lag dick und dunstig über den Feldern. Helene dachte ununterbrochen, wie sie es machen könnte. Sie dachte, sie sollte in einer Raststation auf die Toilette gehen und dort. Wie früher auf der Universität. Sie versuchte es im Auto. Aber sie hatte Angst, die Lastwagenfahrer würden zuschauen. Oder die Leute in den Bussen könnten sie sehen. Dabei. Sie fühlte sich heiß und geschwollen zwischen den Beinen. Zum Platzen. Die Jeans rieben. Sie war stundenlang am Rand eines Orgasmus. Aber quälend. Sie raste die Autobahn entlang. Im Kanaltal. Schon weit nach Udine ging Helene das Benzin aus. Sie hatte auf nichts mehr geachtet."[204]

Selbstbefriedigung ist zwar Thema in Streeruwitz' Roman, doch verwendet die weibliche Protagonistin kein pornographisches Material, um sich aufzugeilen. Helene stellt sich einen der Helden des Western nackt vor, um sich selbst zu befriedigen. Der Konsum pornographischer Materialien findet in „Verführungen" an keinerlei Stelle Eingang.

Helene hat ihr Verhältnis mit Alex bereits zu einer Zeit begonnen, als sie noch mit Gregor zusammenlebt. Trotz der außerehelichen Affäre hat sie nicht vor, ihren Gatten zu verlassen, da dieser finanzielle Sicherheit bietet. Alex spricht Helene auch

---

[203] Streeruwitz, Marlene: Verführungen. 3. Folge. Frauenjahre. Frankfurt am Main: Fischer ³2007, S. 62.
[204] Ebd.: S. 252.

erstmals auf die Möglichkeit der Scheidung an, doch sie blockt ab. Das Verhältnis mit Alex läuft vor sich hin, Helene möchte ihn nicht an sich binden, so wie sie dies bei Henryk versucht. Ihre Probleme beginnen, als Gregor sie nicht mehr begehrenswert findet. Helene sitzt halbnackt im Wohnzimmer, sie stellt sich schlafend, ist aber wach und wartet auf Gregor. Dieser schließt ihr jedoch nur den Morgenmantel und bringt sie ins Bett. Er hat kein Bedürfnis mehr nach Sex mit seiner Ehefrau. Diese ist durch seine junge Sekretärin ausgetauscht worden, die anziehend und attraktiv auf Gregor wirkt. Die Schuld für das Verlassenwerden sucht Helene bei sich selbst. Sie wird nicht nur aus Gregors Leben gestrichen, sondern zugleich auch aus dem Leben der gemeinsamen Bekannten.

Helenes Freundin Püppi ergeht es nicht viel besser, auch sie ist allein erziehende Mutter. Doch ist sie durch die Alimente immerhin finanziell versorgt. Sie stürzt sich von einer Affäre in die andere und macht nicht einmal vor verheirateten Männern oder Helenes Noch-Ehemann Gregor halt.

Für mich wirft sich als wesentliche Frage auf: „Ist Helenes Bedürfnis wirklich das Bedürfnis nach Sex oder ist es eher das Gieren nach Nähe und Zuneigung?" Helene ist Mutter zweier Kinder, trotzdem möchte sie von den Männern auch als Frau gesehen und beachtet werden. Doch wieso bleibt sie bei Henryk? Sie möchte ihn oft genug zur Rede stellen, wenn er wieder einmal wochenlang nichts von sich hören lässt. Plötzlich ist er dann wieder da, so als wäre er nie weg gewesen und Helene denkt nicht mehr daran zu fragen, wo er war und wieso er nichts von sich hören ließ. Helene hat das Verlangen nach einer erfüllten Sexualität, aber sie kann sie nur selten erleben. Eines Tages sieht sie sich einen Western im Fernsehen an. Sie versucht sich den Helden nackt vorzustellen und sich dabei zu befriedigen. Doch es gelingt ihr nicht. Sie kann sich nicht selbst erregen, obwohl sie es sich wünscht. In der Zeit als Henryk bei ihr wohnt, hat er immer weniger sexuelles Interesse an ihr. Wahrscheinlich hat er neben Helene auch noch andere Affären. Helene fühlt sich immer mehr sexuell vernachlässigt. Aber ist es hier nur der Sex, der ihr fehlt? Oder ist es die Suche nach Aufmerksamkeit und Anerkennung, die im Mittelpunkt steht? Helene möchte sich begehrenswert fühlen. Während des Geschlechtsverkehrs wird sie vom Mann begehrt, sie steht, wenn auch nur für kurze Zeit, im Mittelpunkt seines Lebens. Begehrt Henryk sie wirklich? Ist sie nicht eine beliebig austauschbare Ware? Henryk würde wahrscheinlich auch mit jeder anderen Frau schlafen, die gerade verfügbar ist. Somit ist Helene für ihn nicht mehr, als nur ein beliebig austauschbares Objekt.

Jedoch will Helene gesehen werden. Ich denke, sie braucht einfach jemanden, der sich um sie und die Kinder kümmert und sich um sie sorgt. Gleichzeitig möchte sie dadurch ihre Sorgen loswerden, sowohl die finanziellen als auch diejenigen, die die Angst, nicht genügend für die Kinder da zu sein, betreffen. Sex lässt sie zumindest teilweise diese Sorgen vergessen. Helene kann sich sicher, geborgen und geliebt fühlen, auch wenn dies immer nur für kurze Zeit ist.

Püppi erzählt Helene nach ihrer Entziehungskur von einem Musiker, der ihr hilft, ihr Leben wieder in den Griff zu bekommen. Dies ist zu einem Zeitpunkt, an dem die Freundschaft der Frauen bereits durch Püppis Affäre mit Gregor zerbrochen ist. Die Beschreibung dieses neuen Mannes in ihrem Leben könnte durchaus auf Henryk passen. Doch wird aus dem Text heraus nicht klar, ob Püppi Helene auch mit deren Liebhaber betrügt oder ob es sich hier nur um eine auffallende Ähnlichkeit zwischen verschiedenen Männern handelt.

Helene wird zwar nicht wie Gerti in „Lust" als reines Sexualobjekt behandelt, auch sie stößt an die Grenzen der befriedigenden Sexualität für Frauen. So verharrt sie oft in einer passiven Situation und wartet darauf, dass der Mann den ersten Schritt macht. Es ist vor allem die Angst vor Ablehnung, die Helene von der Offenlegung ihrer Wünsche und dem aktiv werden in einer Beziehung zurückhält und sie in ihrer Warteposition verharren lässt.[205] Kennzeichnend für die unterdrückte weibliche Lust ist, dass Helene in den unpassendsten Momenten mit ihren Liebhabern an die Kinder denken muss. Die Sorge um die Kinder ist zeitweise stärker als jedes sexuelle Begehren. Die Kinder sind somit ein Hindernis für Helene, ihre Lust uneingeschränkt ausleben zu können. Männer haben diese Probleme nicht, da die Kindererziehung in „Verführungen" in der Hand der Frauen liegt. Gregor nimmt keine Rücksicht auf die Kinder. Er lebt mit seiner jungen Sekretärin zusammen, Helene hat nicht einmal eine private Telefonnummer von ihm. Er kann seine Sexualität ausleben, ohne auf die Kinder Rücksicht nehmen zu müssen. Er kümmert sich um die Kinder nur dann, wenn er gerade Zeit hat. Doch unterliegen ihm nicht die Verpflichtungen, die Kinder zu ernähren, zu kleiden, sie in die Schule zu bringen und ihnen genügend Liebe und Zuneigung zu Teil werden zu lassen.

Henryks Einstellung zu den Kindern ist ebenso wie die Gregors. Wenn er gerade Zeit und Lust hat, kümmert er sich um die Mädchen und unternimmt etwas mit ihnen,

---

[205] Vgl.: Nowak, Eva Maria: Marlene Streeruwitz: Verführungen. Eine Analyse unter Berücksichtigung besonderer Aspekte des Romans. Diplomarbeit. Univ. Wien 1998, S. 53.

wenn er lieber seinen eigenen Aktivitäten nachgehen möchte, existieren die Kinder nicht für ihn.

Die Beziehung liegt ganz in Henryks Hand. Helene kann ihn nicht erreichen, wenn er gerade nicht in Wien ist. Meistens weiß sie nicht einmal, wo er sich gerade aufhält. Ist Henryk gerade nicht in Wien und unerreichbar, zweifelt Helene daran, ob die Beziehung noch aufrecht ist oder ob er sie ohne ihrem Wissen verlassen hat. Alle Aspekte der Beziehung liegen in seiner Macht, trotzdem zieht er die Protagonistin immer wieder in seinen Bann. Helene verdrängt alle Ungereimtheiten, da die Unaufrichtigkeit Henryks immer offensichtlicher wird, sie versucht peinliche Szenen zu vermeiden und fragt nicht nach, aus Angst das instabile Glück zu zerstören.[206]

Helene befindet sich in der Rolle des Objekts, aus der sie nicht ausbrechen kann. Sie liebt Henryk, auch wenn sie oftmals das Gefühl hat, dass er nicht ganz ehrlich zu ihr ist. Ihre Gefühle und die Angst während seiner Abwesenheiten lassen ihn kalt. Er meldet sich nicht und taucht erst dann wieder auf, wenn es ihm passt. Es liegt alles in seiner Hand, der Mann hat die Macht, die Beziehung zu bestimmen. Helene leidet sehr unter dieser Situation. Sie überlegt mehrmals, sich von Henryk zu trennen, doch wenn er wieder kommt, wird sie jedes Mal schwach. Ob es Helene gelingt, sich aus diesem Objektstatus zu befreien, bleibt in „Verführungen" dahingestellt.

In „Verführungen" wird nicht nur die weibliche Sexualität an sich behandelt, sondern es finden auch Themen wie die Menstruation, Verhütung und die Angst vor Aids, Eingang in das Werk. Helene spricht mit Henryk über Aids und dieser zeigt ihr die negativen Ergebnisse des Testes, den er erst vor kurzem machen ließ. Trotzdem lebt sie in Unsicherheit, da sie nicht weiß, mit wie vielen Frauen Henryk neben ihr ein Verhältnis hat.

Helene denkt nicht immer an Verhütung. Seit Gregors Auszug ist ihre Monatsblutung sehr unregelmäßig. So befürchtet sie zeitweise eine Schwangerschaft, wenn die Blutung sehr lange nicht eintritt. Um sich darüber keine Sorgen mehr machen zu müssen, geht sie zu einem Frauenarzt und lässt sich die Spirale einsetzen. Schutz vor Aids hat sie dadurch allerdings nicht. Die Menstruation ist für Helene, neben den Kindern, noch eine zusätzliche Einschränkung für das Ausleben ihrer Sexualität. Die Periode ist ihr peinlich, sie ist gewissermaßen ein Tabu für sie.

In „Verführungen" wird auch der gegen Frauen gerichtete Sexismus am Arbeitsplatz angesprochen. Helene selbst wird mit Sexismus konfrontiert. Sie soll ihren Chefs

---

[206] Vgl.: Streeruwitz, Marlene: Verführungen. 3. Folge. Frauenjahre. Frankfurt am Main: Fischer [3]2007, S. 55.

helfen, Models für einen Fototermin auszuwählen. Die zwei Männer sitzen auf der Couch und haben eine Erektion, die sie nicht einmal vor Helene zu verbergen versuchen. Die Szene bringt sie in große Verlegenheit.

Eine weitere diskriminierende Szene erlebt Helene, als sie zu dem Fototermin kommt, an dem sie teilnehmen soll, um Seriosität und gute Laune zu vermitteln. Als Helene ankommt, sieht sie gerade den Fotografen, mit aus der Hose heraushängendem Schwanz, dem Model in einen der hinteren Räume folgen

„Die Szene hatte sie nicht aufgeregt. Sie konnte vor sich sehen, wie der Mann seinen geschwollenen Schwanz der Frau hingehalten hatte. Sie müsse etwas tun, hatte er wahrscheinlich gesagt. Das sei alles ihre Schuld. Sie müsse es auch wieder gutmachen. So hatte er ausgesehen. Beleidigt und anklagend. So, wie er der Frau nachgegangen war, war er sicher gewesen, alles zu bekommen. Es war ein Spiel. Helene versuchte sich in die Rolle der Frau zu versetzen. Es gelang ihr nicht. Nichts an ihr oder in ihr reagierte auf die Vorstellung."[207]

Zurück im Büro hört Helene mit, wie ihr Chef einem zweiten Mann berichtet, dass der Fotograf immer mit den Models Sex haben muss, bevor er sie fotografiert. Hat er das nicht, kann er sie nicht fotografieren. Nach dieser Szene beschließt Helene, dass sie nicht in diesem Büro bleiben und so nicht mehr weiter machen möchte.

Zwischen den Werken von Elfriede Jelinek und Marlene Streeruwitz sind durchaus Ähnlichkeiten zu finden. Bei beiden Autorinnen wird die Rolle der Frau in der Gesellschaft, in der Familie, in der Beziehung und die Unfähigkeit, das Leben autonom zu bestimmen, geschildert, wenn auch bei Streeruwitz der für Jelinek typisch radikale und schonungslose Blick auf die Gewalt der Gesellschaft gegen Frauen vermieden wird.[208] Auch die Darstellung der Kinder ist unterschiedlich. Helene liebt ihre Töchter abgöttisch, wobei die Kinder bei Jelinek als Besitz der Eltern anzusehen sind. Die drastischen Vergewaltigungsszenen, die in „Lust" zu finden sind, gibt es in Streeruwitz Texten ebenfalls nicht. Auch in ihren Romanen wird die Sexualität durch Männer bestimmt, aber die Frauen werden nicht so unterdrückt, wie dies in „Lust" der Fall ist. Im Gegensatz zu Gerti hätte Helene auch eine eigene Lust, nur kann sie sie auf Grund der herrschenden gesellschaftlichen Ordnung nicht frei ausleben, da sie Angst hat, wie die Männer auf ihre Wünsche und Vorstellungen reagieren würden.

---

[207] Streeruwitz, Marlene: Verführungen. 3. Folge. Frauenjahre. Frankfurt am Main: Fischer [3]2007, S. 286.
[208] Vgl.: Nowak, Eva Maria: Marlene Streeruwitz: Verführungen. Eine Analyse unter Berücksichtigung besonderer Aspekte des Romans. Diplomarbeit. Univ. Wien 1998, S. 83.

5.3. Christa Nebenführ – Blutsbrüderinnen

Der Roman „Blutsbrüderinnen" von Christa Nebenführ ist im Jahr 2006 erstmals erschienen. Der Roman ist in vier Abschnitte gegliedert, die jeweils auch einen Einschnitt im Leben der Protagonistinnen darstellen.

„Blutsbrüderinnen" wird aus der Sicht eines personalen Erzählers geschildert, der aus der Sicht Hermines berichtet. Betrachtet wird in dem Text aus einer weiblichen Perspektive. Den Blickwinkel der Männer auf die Frauen in Nebenführs Werk kann man meiner Meinung nach nicht mit dem Blickwinkel in pornographischen Materialien vergleichen. Ihr Text ist ein Entwicklungsroman, der männliche Blick auf Frauen ist hier nicht direkt geschildert. Teilweise werden Frauen von Männern als Sexualobjekte benutzt. Eine Szene, die dies beschreibt, ist die, in der Hermine mit einem Kellner, der ihr sehr gut gefällt, nach Hause geht und mit ihm Sex hat. Am Morgen schmeißt der Mann sie mit der Frage, was sie den immer noch hier zu suchen habe, aus seiner Wohnung. Doch generell würde ich sagen, dass sich der Blickwinkel in Nebenführs Werk total von dem in der Pornographie unterscheidet.

Der Roman beginnt mit Hermines Eintritt ins Gymnasium. Dort lernt sie Elvira kennen, die bald zu ihrer besten Freundin wird. Die Mädchen dürfen sich zwar am Nachmittag nicht treffen, verbringen aber in der Schule jede freie Minute gemeinsam. Vorbild der beiden ist nicht irgendeine weibliche Romanfigur, sondern Winnetou und Old Shatterhand. Um ihre Freundschaft zu besiegeln und sich gegenseitig ewige Treue zu bekunden, schließen die beiden ebenso wie ihre Romanhelden Blutsbrüderschaft.

In den Ferien verreist Hermine gemeinsam mit ihren Eltern und ihrem jüngeren Bruder. Bei der Heimfahrt möchten die Eltern noch eine alte Bekannte vom Tanzen besuchen und dort ein paar schöne Tage verbringen. Diese Bekannte hat eine Tochter, die ungefähr im Alter von Hermines Bruder Paul ist. Am Abend bringt die Hausbesitzerin die Kinder auf den Dachboden zum Schlafen, da im Haus nicht genug Platz für die vielen Gäste ist. Pumuckl, wie Hermine das fremde Mädchen insgeheim nennt, möchte auch bei schlafen. Nachdem die Eltern den Kindern eine gute Nacht gewünscht haben, möchte Pumuckl unbedingt von Hermine gefesselt werden:

> „ „Wisst ihr warum ich im Gitterbett schlafen wollte?", fragte sie plötzlich. Weil man sich an den Stäben festbinden lassen kann." Sie hatte aufgehört zu lachen und sah Hermine erwartungsvoll an. ...Hermine wurde aus einer Welle von Angst und Wut überflutet. Sie saß aufgerichtet auf ihrer Matratze. „Kannst du nicht die Schnüre aus der Lade nehmen?", säuselte

Pumuckl. „Tut mir leid, ich werde dich nicht fesseln." „Warum nicht? Bitte!" Pumuckl sprang von ihr weg und präsentierte ihr Rückenteil wie etwas Anonymes. Hermine kannte zwar die Hintern aller Familienmitglieder, aber nur von kurzen Momenten, in denen ein Kleidungs-stück gewechselt wurde. In der Damengarderobe des Schwimmbads pflegte sie sich ein Handtuch vorzuhalten, wenn sie sich umzog. Plötzlich kniete sich Pumuckl wieder auf, zog ihr Nachthemd über den Kopf und flüsterte: „Ich stelle mir manchmal vor, dass meine Eltern mich an dieses Bett fesseln und dann mit Gabeln stechen." „Schlagen dich deine Eltern?" fragte Hermine entsetzt. Pumuckl ließ einen Augenblick verstreichen, ehe sie grinsend antwortete: „Nein, in Wirklichkeit natürlich nicht." Paul hatte sich inzwischen auch wieder aufgesetzt und beobachtete die Szene. „Warum eigentlich nicht?", dachte Hermine. „Warum soll ich sie nicht fesseln, wenn sie es mir vorschlägt? Aber es ist klar, dass sie sich vorher wieder anziehen müsste." Andererseits spürte sie sehr wohl, dass es nicht so spannend sein würde, eine angezogene Pumuckl zu fesseln, wie eine nackte." [209]

Am Morgen, nach diesem Erlebnis, erzählt Hermine ihrer Mutter von der nächtlichen Begebenheit und bittet sie, am selben Tag noch nach Hause zu fahren. Die Eltern erfüllen Hermine diesen Wunsch und der Urlaub wird vorzeitig abgebrochen. Den Rest der Ferien verbringt Hermine zu Hause.

Im dritten Schuljahr kommen Hermine und Elvira in eine neue Klasse, da sich die Unterrichtspläne in die eines Gymnasiums und die eines Realgymnasiums teilen. Die Mädchen haben beide den Unterrichtsplan des Realgymnasiums gewählt. Hermine vor allem deshalb, weil sie nicht Latein lernen möchte. Durch die Neuaufteilung in werden auch die alten Klassengemeinschaften zerrissen.

Zu Beginn des neuen Schuljahres wird Hermines und Elviras Freundschaft auf eine harte Probe gestellt. Elvira lässt ein anderes Mädchen zu sich in die Bank setzen und hält den Platz nicht für die beste Freundin frei. Hermine ist gekränkt und so sprechen die beiden Mädchen tagelang nicht miteinander.

Hermine sitzt nun alleine in einer Bank, worüber sie nicht besonders glücklich ist. Am Morgen des vierten Schultages kommt Erika, die bereits in der alten Klasse gemie-den wurde, wieder in die Schule. Krankheitshalber hat sie die ersten Tage versäumt. Sie setzt sich ohne viel Aufheben neben Hermine, diese ist nicht sehr glücklich, die etwas seltsame Erika als Banknachbarin zu haben.

In der neuen Klasse ist eine Gruppe frühreifer Mädchen, die eine große Anziehungs-kraft auf Hermine und Elvira ausüben. Sie schminken sich bereits kräftig und kleiden sich aufreizend. Im Gegensatz zu vielen anderen aus der Klasse, wirken sie bereits sehr erwachsen. Die beiden Freundinnen versuchen Kontakt mit den beiden anderen Mädchen aufzubauen, da sie sie insgeheim bewundern. Dies gelingt ihnen auch und

[209] Nebenführ, Christa: Blutsbrüderinnen. Wien: Milena 2006, S. 46/47.

Hermine hofft, nun mit den beiden am Wochenende öfter in die Disco gehen zu können.

Im nächsten Kapitel werden Hermines und Elviras erste sexuelle Erfahrungen beschrieben. Im Schwimmbad befriedigt Hermine Tommy mit der Hand, als Gegenleistung hilft ihr dieser an seinen Freund Martin heranzukommen, in den Hermine verliebt ist:

" „Okay, aber du fasst mich nicht an", antwortete sie. Tommy schlug mit den Händen ins Wasser und lachte: „Das nenn ich einen raschen Entschluss! Wir müssen aber ein paar Schritte zurückgehen, damit ich mich an den Beckenrand lehnen kann." Nachdem Hermine sein Glied umfasst hatte, schloss er die Augen und legte den Kopf zurück. Nach wenigen Atemzügen steckte er seine Hände aus, um sie zu berühren. Hermine war sich nicht im Klaren darüber, ob ihn die Erregung so übermannte, dass er ihre Vereinbarung darüber vergaß, oder ob er sich absichtlich nicht daran hielt. Aber wenn sie jetzt zickig war, würde es noch länger dauern. … Als er kam zog sie schnell die Hand weg und er drückte seine ebenso schnell für zwei letzte Melkbewegungen an seinen Schwanz. Hermine drehte sich um und tauchte in die Richtung des tiefen Beckens."[210]

Ebenso wie Streeruwitz, benennt Nebenführ die Geschlechtsteile mit normalen umgangssprachlichen Ausdrücken wie „Glied" oder „Schwanz". Der Textausschnitt ist nicht vulgär, die Autorin schildert das Geschehen mehr oder weniger unbeteiligt. Nebenführ beschreibt in einfachen, klaren Sätzen, sie kommt ohne Metaphern aus. Ihre Sprache und ihr Erzählstil unterscheidet sich stark von Jelinek. Wie bei Streeruwitz, kann man auch hier nicht die bei Jelinek beschriebene sexuelle Unterdrückung der Frau durch den Mann und die damit einhergehende Brutalität finden. In der Textpassage befinden sich direkte Reden, in denen die Protagonisten ihr Vorgehen besprechen. Alles geschieht spielerisch und in einer lockeren Atmosphäre, wie man an folgender Aussage erkennen kann: „Tommy schlug mit den Händen ins Wasser und lachte.". Nichts deutet auf den Zwang hin, der Jelineks gesamtes Werk durchzieht.

An diesem Abend landet Hermine mit ihrem Schwarm Martin im Bett. Doch nach dem gemeinsamen Abend meldet er sich nicht mehr und einige Wochen später sieht sie ihn auf einer Party, wie er gerade mit seiner Ex-Freundin schmust.

Im Nachtkästchen ihrer Mutter findet Hermine einen Roman aus der „Emmanuelle" – Reihe, dessen Lektüre sie sehr erregend findet. Sie merkt sich die Erzählungen und gibt sie dann an Elvira weiter, ebenso wie sie früher die Lektüre des Winnetou miteinander geteilt haben. „Emmanuelle" ist zwar eher ein erotisches Werk als ein pornographisches, doch wird die Lektüre hier als etwas ganz Normales geschildert, was

---

[210] Nebenführ, Christa: Blutsbrüderinnen. Wien: Milena 2006, S. 72/73.

nicht gesondert hervorgehoben werden muss. Nebenführ beschreibt die Lektüre erotischer Texte als zum erwachsen werden Gehörendes.

Elvira, deren Eltern strenger sind als die Hermines, darf an den Wochenenden nicht mit in die Disco. Dafür besucht sie einen Tanzkurs gemeinsam mit Erika Riemer, die zugleich auch ihre Aufpasserin ist. An einem Abend, an dem Erika krankheitshalber nicht in den Kurs kommen kann, verliert auch Elvira ihre Unschuld. Im Gegensatz zu Hermine, erlebt sie gleich bei ihrem ersten Geschlechtsverkehr einen intensiven Orgasmus, der sie sogar kurz in Ohnmacht sinken lässt.

Hermine beschließt eine Sexorgie zu organisieren, die bei Martin zu Hause stattfinden soll, da seine Eltern am geplanten Wochenende nicht zu Hause sind. Die Orgie, von der Hermine sich so viel erwartet hat, verläuft enttäuschend für sie, keine ihrer Erwartungen und Wünsche tritt ein.

Nebenführs Roman ist das einzige der drei Werke, das sich auch mit Homosexualität auseinandersetzt. Nach der Orgie beginnen Hermine und Elvira ein Verhältnis miteinander und schwören sich ewige Treue und Liebe. Der einmalige Geschlechtsverkehr mit Elvira bringt Hermine allerdings auch nicht den erhofften Orgasmus:

Erst als sie einander küssten, wusste Hermine, dass es anders nicht kommen hätte können. Sie stand auf und schloss die Jalousien. Das überraschend schnell einsetzende Ziehen zwischen den Beinen ließ eine verwegene Hoffnung in ihr keimen. Nachdem sie die beiden Schwurfinger vorsichtig und dreist zum erstaunlich kleinen Kitzler Elviras hatte gleiten lassen, bäumte sich diese aus der Rückenlage mit einem hohen Seufzer auf, um sich dann mit einem geflüsterten „Es ist schon genug" leicht seitlich zu verdrehen. Hermine hätte gern einmal die Brüste oder die kleinen Halbkugeln von Elviras Hintern gepresst, wie der routinierteste Herzensbrecher der Strandpromenade es mit ihren getan hatte, aber da die Zartheit von Elviras Berührungen ihren Küssen um nichts nachstand, wagte sie es nicht. Sie empfand jede Geste als Forderung nach Entsprechung. Elvira, die sich zuvor eher zurücksinken und erkunden hatte lassen, begann sich nun aus ihrer seitlichen Lage Hermine zuzuwenden, die ungeduldig ihr Höschen auszog und versuchte, ihr Geschlecht spürbar gegen Elviras sachte tastende Hand zu pressen, die sich immer wieder zurückzog. Auf einmal sagte Elvira: „Ich kann dich nicht fester drücken, weil ich immer daran denken muss, wie weh mir das tun würde." Offensichtlich hatte sie keine Vorstellung von Hermines brennender Klitoris, wenn diese rubbelte, drückte und stieß. Nun war es an Hermine, sich zur Seite zu drehen, um das unbefriedigende Gefummel zu unterbinden. Nach dem viel versprechenden Anfang fühlte sie sich jetzt betrogen. Die Berührung von Elviras Körper, deren Zurücksinken, das Öffnen ihrer Schenkel hatte zu einer überwältigenden Erregung geführt. Aber was hätte die erhoffte Explosion auslösen können? Die anschwellende Manschette hatte schmerzlich danach verlangt, etwas zu umfassen. Und zwar wesentlich nachdrücklicher in Situationen, in denen sich das zu Umfassende ungefragt anbot. Hermines Lust war ins Stottern geraten und da sie nicht enttäuscht werden wollte, verzichtete sie darauf, weiterhin Gas zu geben.[211]

[211] Nebenführ, Christa: Blutsbrüderinnen. Wien: Milena 2006, S. 108/109.

Auch in dieser Textpassage werden die Geschlechtsteile, hier im Gegensatz zur oberen Stelle, jedoch die weiblichen, mit umgangssprachlichen Ausdrücken beschrieben. Der Ausschnitt beginnt romantisch und viel versprechend: „Erst als sie einander küssten, wusste Hermine, dass es anders nicht hätte kommen können." Hermines vorsichtiges Vortasten zu Elviras Geschlecht wird detailliert geschildert. Die Gefühle der beiden Mädchen werden hier ebenfalls beschrieben, vor allem Hermines Gefühl der Unbefriedigtheit bei Elviras sachten Berührungen und ihre Enttäuschung darüber, dass die Freundin ihr keine Befriedigung schenkt. Hier verwendet Nebenführ eine Metapher für die Klitoris, nämlich „anschwellende Manschette", doch haben Metaphern bei Nebenführ nicht diesen negativen und pessimistischen Nachgeschmack, wie dies bei Jelinek der Fall ist, sondern umschreiben die Ausdrücke eher mit blumigen Worten.

Trotzdem können die kommenden Ferien und der Gedanke an eventuelle sexuelle Begegnungen mit Männern, Hermines Glück vorerst nicht trüben. Doch als sie Elvira eines Tages mit dem Typen aus dem Tanzkurs im Supermarkt trifft, obwohl sie die Geliebte noch im Ferienhaus mit den Eltern vermutet, ist es mit dem Glück kurzfristig vorbei. Mit dem Beginn des Maturajahres geht auch das Verhältnis der beiden weiter, allerdings ist dies kein Hindernis, auch männliche Liebhaber zu haben. Elvira hat nun einen Freund mit Auto, so dass Hermine, um nicht hinter ihrer Geliebten nachzustehen, über die Kontaktanzeigen des Rennbahnexpress Harald aufgabelt.

Nach bestandener Matura machen die beiden gemeinsam eine Interrail-Reise, wo sie zum ersten Mal seit langem wieder intim miteinander werden. Doch auch das zweite lesbische Erlebnis wird für Hermine nicht befriedigender als es das erste war. In München treffen sich die Mädchen mit Harald und dem von Elvira Hasen genannten Jungen, an den sie während eines Tanzabends im Park ihre Jungfernschaft verlor. Hermine lässt Harald nachts nicht an sich heran, was diesen etwas ungemütlich werden lässt. Elvira erzählt ihr am nächsten Morgen, dass der Hase gefragt hat, wer in der Beziehung der beiden Mädchen die Rolle des Mannes inne hat und er Hermine vermutet. Hermine ist durch diese Aussage gekränkt, sie fühlt sich dadurch in ihrer Weiblichkeit verletzt und als Frau nicht begehrt.

Die Mädchen lassen ihre Liebhaber zurück und reisen weiter an die spanische Küste. Dort lernen sie zwei Jungen kennen, mit denen sie einige Tage verbringen. Eines Abends gehen sie gemeinsam mit den beiden in eine Disco, wo Elvira Antonio kennen lernt und mit diesem eine heiße Nacht verbringt. Dadurch wird Hermines Eifersucht auf die Freundin noch weiter angestachelt. An ihrem letzten Abend an der spanischen Küste gehen die Mädchen mit ihren Begleitern im Dunklen noch an den Strand. Dort werden sie von einem Nachtwächter vertrieben, doch Hermine lernt einen jungen Mann kennen, mit dem sie die Nacht verbringt. Da sie gerade ihre Periode hat, befürchtet sie keine Schwangerschaft. Als sie zum Zelt kommt, ist Elvira noch nicht da. Am nächsten Morgen ist Elvira im ganzen Gesicht blau und verschwollen. Jürgen, einer der beiden Jungen, die ihnen während der Zeit an der Küste Gesellschaft geleistet haben, hat Elvira fallen gelassen, als er sie vom Strand zum Zelt tragen wollte. Doch Hermine verspürt kein Mitleid, eher empfindet sie Genugtuung, da die Freundin für den Rest ihrer Reise keine ernsthafte Konkurrenz mehr ist. Hermine versucht die Aufnahmeprüfung am Reinhardt-Seminar, besteht sie aber nicht. Nun studiert sie Theaterwissenschaft an der Universität, um doch noch zum Theater zu kommen. Elvira arbeitet als freie Mitarbeiterin für eine Zeitung. Die beiden telefonieren täglich miteinander und sehen sich so oft wie machbar. Doch sexuelle Beziehung haben sie keine mehr.

Der Objektstatus der Frau wird in Nebenführs Werk nicht so drastisch dargestellt, wie dies bei den anderen beiden Autorinnen der Fall ist. Hermine wird zwar teilweise ebenfalls von den Männern ausgenutzt und als Objekt betrachtet, doch macht sie sich durch ihr Verhalten teilweise selbst zum Objekt des Mannes. Dies wird für mich zum Beispiel in der Szene deutlich, in der sie den Freund ihres Schwarms mit der Hand befriedigt, damit dieser ein gutes Wort bei ihm einlegt. Ausbruchsversuche aus der Objektrolle gibt es meiner Meinung nach nicht. Vielleicht liegt dies aber daran, dass die beiden Mädchen viel jünger und zugleich auch emanzipierter als die Protagonistinnen der anderen beiden Werke sind. Hermine und Elvira genießen die Entdeckung ihrer Sexualität und nutzen so selbst teilweise die Männer nur aus.

Neben dem Studium beginnt Hermine nun in einer Theatergruppe mitzuwirken. Da sie nicht singen kann und die größeren Rollen alle Gesangsepisoden haben, übernimmt sie die Assistenz und nebenbei zwei kleinere Rollen. Dies ist anstrengender, als sie es sich anfangs vorgestellt hat. Sie ist die erste, die kommt und die letzte, die geht.

In einem der Lokale, in dem Elvira und Hermine sich immer treffen, lernt Hermine einen Kellner kennen, in den sie sich unsterblich verliebt. Sie verbringt die Nacht mit ihm und verlässt Harald, der daraufhin böse und beleidigt ist.

Schließlich findet die Premiere des Theaterstücks statt. Die Schauspieler/innen werden von Kosmetikerinnen für den Auftritt hergerichtet. Zum ersten Mal sieht Hermine hier Petra und ist von ihrer Schönheit und den perfekten Zügen ihres Gesichts überwältigt. Eines Abends, Hermine hat bereits einiges getrunken, gesteht Petra ihr, dass sie sich in einen der Mitwirkenden verliebt hat. Sie hofft auf Hermines Hilfe, doch diese gesteht Petra, sich ihrerseits in sie verliebt zu haben. Am Abend der letzten Aufführung vereinbaren Hermine und Petra ein Treffen. Die beiden unternehmen gemeinsam einen Spaziergang, doch außer einem keuschen Abschiedskuss läuft zu Hermines Missfallen nichts.

Bei ihrem nächsten Treffen eröffnet Elvira Hermine, dass sie von Richard schwanger ist und das Kind abtreiben möchte. Hermine bietet ihr an, sie danach von der Klinik abzuholen, doch Richard übernimmt dies.

Petra lädt sie zu einer Fuckerware-Party ein, die sie gemeinsam mit einer Freundin organisiert. Fuckerware ist ein neuer Sexshop für Frauen, der auch Erotikvideos für Frauen von Frauen vermarktet. Um auch Frauen, die nicht in ein Erotik-Geschäft gehen möchten, die Möglichkeit zu bieten, diverse Dinge einzukaufen, wird ein Teil der Kollektion privat vermarktet. Die Party erweist sich als Flop, es wird kaum etwas verkauft.

Die sexuelle Ausbeutung der Frau, die vor allem in Jelineks „Lust" große Beachtung findet, hat keinen Eingang in Nebenführs Werk. Die Protagonistinnen gehen offen mit ihrer Sexualität um und probieren die verschiedensten Dinge aus. Sie machen sowohl heterosexuelle als auch homosexuelle Erfahrungen, doch geschieht hier alles freiwillig und nicht selten auf die Initiative der Mädchen hin. Die einzige Szene, in der man von Ausbeutung der Frau sprechen könnte, spielt im Schwimmbad. Hermine soll den Freund ihres Schwarms mit der Hand befriedigen, damit dieser ein gutes Wort für sie einlegt. Aber auch in dieser Szene gibt Hermine ihre Einwilligung zu dem Deal.

Petra beginnt nun an einem Theater in der Nähe von Hermines zu Hause zu arbeiten, so haben sie die Möglichkeit, abends öfter gemeinsam auszugehen. An einem dieser Abende, an dem beide zu viel getrunken haben, verbringt Hermine die Nacht mit Petra. Bei einem ihrer nächsten Treffen erkennt Hermine Pumuckl, das Mädchen, das von ihr ans Bett gefesselt werden wollte, in Petra wieder.

Auf einer Premierenfeier lässt Petra Hermine allein zurück, sie fährt mit dem Regisseur des Stücks nach Hause. Aus lauter Verzweiflung geht Hermine in das Lokal, in dem der hübsche Kellner arbeitet. Sie geht mit ihm in ein anderes Lokal und folgt ihm schließlich bis nach Hause. Die beiden haben Sex miteinander, doch in der Früh schmeißt der Kellner sie mit der Begründung, dass er eine feste Beziehung hätte, aus seiner Wohnung. Verzweifelt weint Hermine sich bei Elvira aus.

An ihrem 20-sten Geburtstag veranstaltet Hermine eine große Feier. Hier lernt Petra Martin kennen, einen der verflossenen Liebhaber Hermines. Die beiden beginnen ein Verhältnis, doch Martin lässt Petra bald wieder sitzen, was dieser nicht behagt.

Nachdem eine von Hermines Tanten zu gebrechlich ist, um ihren Schrebergarten zu bewirtschaften, zieht Hermine den Sommer über in das Schreberhaus. Sie beschließt auf dem großen Grundstück eine tolle Party zu organisieren.

Erika Riemer, Hermines Sitznachbarin aus Schulzeiten, kontaktiert sie nun häufiger, da sie möchte, dass Hermine sie einmal besucht. Nach einigen Absagen vereinbart sie doch ein Treffen mit der alten Schulkollegin und sieht, dass diese sich seit der gemeinsamen Schulzeit nicht verändert hat.

Elvira verkündet Hermine, dass sie wieder schwanger ist, diesmal von Martin, einem ihrer WG-Mitbewohner. Sie möchte das Kind nun behalten. Zwischen den Freundinnen kommt es zu einem schlimmen Streit, Elvira verlässt das Schreberhäuschen, ohne sich nach der Freundin umzublicken.

Erika stellt Hermine ihren Freund Wolfgang vor. Sie führt Hermine durchs Gartenhaus und erzählt ihr, dass das Rosettenmeerschweinchen Roserl ihnen so große Sorgen bereitet hat, da es einen möglicherweise bösartigen Tumor hatte. Hermine kann das Theater um das kranke Meerschweinchen und die Kosten für die teure Operation nicht nachvollziehen.

Eines Tages nach dem Besuch, findet Hermine eine Zeitschrift über Meerschweinchen in ihrem Briefkasten. Um endgültig von Erika loszukommen, beschließt sie gemeinsam mit Elvira und Martin, Erika samt Freund zum Essen einzuladen und ihnen Meerschweinchen zu servieren.

Zu Ende des Romans erzählt Elvira Erika, dass sie ihr Kind Hermann oder Hermine nennen möchte.

Christas Nebenführs Einstellung zu Pornographie und Sexualität unterscheidet sich stark von der der beiden anderen Autorinnen. Nebenführ betrachtet Pornographie und Sexualität viel offener und vor allem positiver als Jelinek und Streeruwitz. Deshalb würde ich sie auch den Pro-Sex-Feministen/innen zuordnen, die die Pornographie verteidigen und sich gegen diejenigen stellen, die Pornographie als Mittel zur

Unterdrückung der Frauen sehen. Die Autorin hat mit „Blutsbrüderinnen" einen Entwicklungsroman geschaffen, der die beiden weiblichen Hauptprotagonistinnen von der Kindheit an bis ins Erwachsenenalter begleitet. Ein wesentliches Thema ist die Entdeckung der eigenen Sexualität. Meiner Meinung nach sind die Intentionen der Autorin aufgegangen und der Roman wird vom Leser/ von der Leserin auch als Entwicklungsroman verstanden.

Im Anhang befindet sich ein von mir geführtes Interview mit Mag. Christa Nebenführ, zu dem sich die Autorin dankenswerter Weise bereit erklärt hat.

6. Vergleich der Primärtexte

Am stärksten ist das Sexuelle meiner Meinung nach in „Lust" ausgeprägt, ebenso enthält „Lust" trotz seiner Bezeichnung als Antiporno wohl im Vergleich der drei Texte die meisten pornographischen Elemente.

Christa Nebenführs Roman „Blutsbrüderinnen" beschreibt den Übergang von der Kindheit ins Erwachsenenalter, wobei die Entwicklung einer eigenständigen Sexualität wesentliches Thema ist.

In „Verführungen" wird das Ausleben der Sexualität einer vom Mann getrennten Frau mittleren Alters, das Streben nach Liebe, Zuneigung und Glück in Verbindung mit dem Thema Mutterschaft dargestellt.

Jelineks und Nebenführs Protagonisten konsumieren Pornofilme bzw. lesen erotische Literatur, in Streeruwitz' Roman hingegen stellt sich die Hauptfigur den Titelhelden eines Westernfilmes nackt vor um sich selbst zu befriedigen.

Intakte, romantisierte Beziehungen gibt es in keinem der drei Werke. Die Frauen streben zwar danach, doch entsprechen ihre Vorstellungen nicht denen der Männer. Gerti lebt zwar in einer Ehe, doch ist sie ihrem Gatten nicht gleichberechtigter Partner, sondern wird nur von ihm unterdrückt. Auch ihr Versuch aus dem tristen Eheleben mit den andauernden Vergewaltigungen und den sexuellen Übergriffen in die Beziehung zu einem jüngeren Mann zu flüchten schlägt fehl. Gerti hat weder ein erfülltes Liebesleben, noch verläuft ihr Sexleben nach ihren Vorstellungen und Wünschen. Der Konsum der Pornofilme geht nicht von ihr, sondern von Hermann aus. Doch hat sie keinen Spaß an den pornografischen Filmen. Ihr Ehemann benutzt ihren Körper nach dem Konsum, um das eben Gesehene auch in der realen Welt ausleben zu können. Thematisiert werden nur heterosexuelle Beziehungen.

Die Hauptprotagonisten in „Blutsbrüderinnen" sind zwei jugendliche Mädchen, die ihre eigene Sexualität erst entdecken müssen. Um mit dem Typen schlafen zu dürfen, auf den sie steht, muss Hermine erst dessen Freund mit der Hand befriedigen. Dieser legt dann ein gutes Wort bei seinem Freund für sie ein. Sexualität und Geschlechtsverkehr wird hier nicht wie in „Lust" mit der Unterdrückung der Frau gleichgesetzt. Hermine findet im Nachttisch ihrer Mutter „Emanuelle" und liest diese mit Verve. Im Gegensatz zu Jelineks Werk passiert hier der weibliche Konsum von erotischem und pornographischem Material aus dem Begehren der Frau heraus. Kein Mann ist notwendig, der zu dem Konsum zwingt oder an dem Konsum mit teilnimmt.

Geteilt werden die Erfahrungen hier mit der besten Freundin. Mit Sexualität wird in „Blutsbrüderinnen" sehr offen umgegangen. Petra veranstaltet eine Fuckerware-Party, zu der auch Hermine eingeladen wird. Tupperware, das die typischen „Hausfrauenpartys" veranstaltet, steht im krassen Gegensatz zu Fuckerware, das ein Sex-Shop für Frauen ist. Allerdings findet der Verkauf nicht nur in einem Shop statt, sondern die Artikel können auch zu Hause in der Privatsphäre unter Freunden und Bekannten ausgestellt und verkauft werden. In einem Telefonat erklärt Petra Hermine das Konzept von Fuckerware folgendermaßen:

„'Ich hätte mich schon gemeldet. Was heißt eigentlich Fuckerware?' Petra lachte: ,Ich wollte dir das schon die längste Zeit erzählen! Ich habe mich an einem phantastischen Projekt beteiligt. Die Chris hat nämlich den ersten Erotik-Shop für Frauen aufgemacht.' ,Witzig', sagte Hermine. ,Ich habe erst vor kurzem gedacht, ein Sex-Shop, in dem Frauen vor schmierigen Typen, die an ihrem Stall herumnesteln, sicher sind, wäre ein Hit. So wie es jetzt ist, hab ich mich nämlich noch nie in einen hineingetraut.' ,Na siehst du! Jetzt hast du endlich die Gelegenheit. Bei diesem Projekt geht's ja auch viel um den feministischen Ansatz. Erotik-Filme von Frauen sind viel differenzierter als Männer-Pornos.' Es klang als hätte Petra diese Erkenntnis wörtlich aus dem Konzept der unbekannten Chris übernommen. ,Du bist jetzt also bei dem Sex-Shop eingestiegen.' ,Nicht direkt. Aber es gibt ja auch Frauen, die überhaupt nicht gern in ein öffentlich zugängliches Geschäft gehen. Und für die bietet Chris ihre Kollektion, also einen Teil ihrer Kollektion auch im privaten Rahmen an.' ,Ach so, Fuckerware statt Tupperware.' ,Ja, obwohl der Name davon kommt, sind die Konzepte nicht vergleichbar. Tupperware wendet sich ja mit den klassischen Hausfrauenprodukten an Hausfrauen. Unser Konzept ist der erste Schritt für Frauen in ein Refugium, das bisher ausschließlich Männern vorbehalten war. Sie sollen endlich nicht nur Objekt sein, sondern sich auch ihre Objekte aussuchen. In Amerika gibt's das schon lange!'[…]"[212]

Die Party wird nicht so ein großer Erfolg, wie Petra sich das vorgestellt hat. Es werden kaum Artikel verkauft. Petras Aussage, dass Frauen nicht mehr nur Objekt sein sollten, sondern auch die Möglichkeit benötigen, sich ihre Objekte selbst auszusuchen, finde ich sehr provokant. Der Name Fuckerware ist durch die Wortspielerei mit Tupperware höchst originell. Ich denke, dadurch wird auf die unterschiedlichen Bedürfnisse der emanzipierten Frauen angespielt. Auf der einen Seite sind sie die „braven" Hausfrauen und Mütter, die sich mit anderen Frauen auf Tupperpartys treffen, um sich über Haushalt und Haushaltswaren auszutauschen, aber andererseits sind sie auch sexuelle Wesen, die ihre eigenen Bedürfnisse haben, die allerdings nicht immer mit denen der Männer in Einklang stehen. Auch homosexuelle Erfahrungen werden in Blutsbrüderinnen geschildert. Die beiden Mädchen gehen eine lesbische Beziehung ein und machen so auch gleichgeschlechtliche Erfahrungen. Entdeckungen im Bereich der eigenen Sexualität zu machen, ist hier sehr wich-

---

[212] Nebenführ, Christa: Blutsbrüderinnen. Wien: Milena 2006, S. 178-179.

tig, der Protagonistin in „Lust" wird die eigene Sexualität jedoch abgesprochen. Für sie gibt es Sex nur wann, wie und wo ihr Mann dies möchte, die weibliche Lust bleibt auf der Strecke. Beziehungen erweisen sich jedoch auch in „Blutsbrüderinnen" als schwierig. Sowohl die Beziehung zu Männern als auch die Beziehung zwischen den beiden Mädchen erweist sich weder als dauerhaft noch als monogam. Auf ihrer Interrail-Reise treffen sich die beiden Mädchen zwar kurzzeitig mit ihren Freunden, schlafen aber trotzdem miteinander und auch mit jedem Typen, der sich anbietet. Die Mädchen sammeln sexuelle Erfahrungen. Ob Gerti, außer Hermann und Michael, noch sexuelle Erfahrungen hatte, ist fraglich, da sie ihren ersten Orgasmus anscheinend mit Michael hatte.

Weibliche Orgasmusprobleme finden Eingang in alle drei Werke. Gerti hat mit ihrem Mann gemeinsam anscheinend während ihrer ganzen Ehe noch keinen Orgasmus erlebt. Ihre Sexualität wird durch ihren Mann kontrolliert und unterdrückt, so wie auch sie selbst unterdrückt wird. Als Objekt des Mannes hat sie kein Recht auf Befriedigung. Nur die Begierde und das Verlangen des Subjekts können befriedigt werden. Hermann hat in keinerlei Hinsicht Interesse daran, Gerti glücklich zu machen. Als Objekt werden ihr keine Gefühle zugestanden, sie ist dem Ehemann untergeben. Mit Michael erlebt Gerti zwar einen Orgasmus, doch steht auch in dieser Beziehung die Befriedigung der Frau nicht im Vordergrund. Auch für Michael ist Gerti nur ein Objekt. Er sieht sie als Spielzeug, um Erfahrungen zu sammeln, hat aber nicht die Absicht eine Beziehung mit ihr einzugehen. Gerti wird nur ausgenutzt und benutzt. Auch Helene hat Schwierigkeiten zum Orgasmus zu kommen. Sie möchte sich selbst befriedigen, doch trotz Phantasievorstellungen ist sie unfähig, einen Orgasmus zu erreichen. Doch während des Geschlechtsverkehrs ist sie durchaus in der Lage einen Höhepunkt zu erreichen. Sie genießt den Geschlechtsverkehr und leidet sehr an Henryks zunehmender Gleichgültigkeit und seinem Desinteresse an ihren weiblichen Reizen. Ebenso ist es ihr auch mit dem Ehemann ergangen. Obwohl sie ihn zu Hause in aufreizender Pose sich schlafend stellend erwartet, zeigt er kein sexuelles Interesse an ihr, sondern führt sie nur ins Bett. Hermine ist neidisch auf Elvira, da diese bereits bei der kleinsten Berührung zum Orgasmus kommt. Bei ihrem ersten Mal hatte sie einen so lustvollen Höhepunkt, dass sie nahe einer Ohnmacht war. Auch Hermine möchte einen Orgasmus erleben, doch bei den meisten sexuellen Begegnungen, sowohl mit Elvira als auch mit Männern, ist zwar die Lust und die

Erregung da, doch der ersehnte Orgasmus bleibt aus. Zurück bleibt nur ein Gefühl des unbefriedigt Seins.

Der Umgang und die Einstellung zu Kindern sind in „Lust" und „Verführungen" gänzlich verschieden. Helene liebt ihre Kinder, sie kümmert sich um sie so gut sie kann und möchte immer nur ihr Bestes. Sogar während des Geschlechtsverkehrs muss sie manchmal besorgt an ihre Kinder denken. In „Lust" ist der Sohn Eigentum der Eltern, er entwickelt sich immer mehr zu einem Abbild des Vaters. Gerti versucht durch den Sohn die sexuellen Übergriffe Hermanns auf ihren Körper zu verhindern oder zumindest hinauszuschieben. Doch bekommt das Kind sehr wohl mit, was die Eltern tun. Liebe und Sorge um das Wohl der Kinder, wie sie in „Verführungen" Eingang finden, gibt es in „Lust" nicht. Die Bedürfnisse des Sohnes werden durch teure Geschenke, zumeist in Form von Sportgeräten, befriedigt. Der Sohn lässt Gerti immer weniger an sich heran. Er hat kein Interesse an der Fürsorge der Mutter. Helenes Töchter lieben ihre Mutter, sie unternehmen vieles gemeinsam. Obwohl der Vater ausgezogen ist, versucht Helene, ihren Kindern zuliebe, ein möglichst normales Familienleben zu führen.

Gleich ist in allen drei Werken, dass die weiblichen Protagonistinnen durch ihre Beziehung zu Männern zum Objekt gemacht werden. Gerti versucht, aus diesem Status zu entfliehen, indem sie sich in ein Verhältnis mit Michael flüchtet. Doch auch hier kann sie nicht Subjekt sein, der Liebhaber macht sie ebenso wie der Ehemann zum sprach- und willenlosen Objekt. Hermine ist in einen Jungen verliebt, doch muss sie dessen Freund mit der Hand befriedigen, damit dieser ein gutes Wort für sie einlegt. Der andere Junge schläft dann zwar mit ihr, hat aber kein Interesse an einer Beziehung, die sich Hermine so sehr wünscht. Hermine möchte geliebt werden, doch auch ihr gelingt es nicht und sie wird von ihren Liebhabern zum Objekt gemacht. In der lesbischen Beziehung mit Elvira glaubt sie Subjekt sein zu können. Auch Helene ergeht es nicht viel besser. In ihrer Ehe mit Gregor hat sie sich selbst zum Objekt gemacht. Ihr Mann hat kein Interesse mehr an ihr und kommt immer erst spät nachts nach Hause. Helene versucht alles, um ihn zu verführen, doch hat er keinen Blick mehr für ihre zur Schau gestellten weiblichen Reize. In ihrer Beziehung zu Henryk ergeht es ihr nicht viel besser. Henryk bestimmt durch häufige Abwesenheit und fehlende Anrufe in dieser Zeit den Verlauf der Beziehung. Helene hat keine Möglichkeit, die Beziehung aktiv mitzugestalten, sie hat den passiven Part in der Beziehung und verbringt ihre Zeit mit Warten auf Henryk. Eine weitere Gemeinsamkeit der

Werke ist, dass die Frauen anfangs zwar für ihre Sexualität und ein glückliches Leben kämpfen, früher oder später aber kapitulieren. Gerti glaubt, von Michael endlich geliebt zu werden. Als dieser aber den Kontakt abbricht und Gerti in die Trostlosigkeit ihres Heimes, zu den ständigen sexuellen Übergriffen durch den Ehemann, zurückkehrt, resigniert sie. Sie ermordet den Sohn, da sie in ihm immer mehr das Ebenbild Hermanns entdeckt. Helene glaubt, nach der zerbrochenen Ehe einen neuen Partner in Henryk gefunden zu haben. Doch dieser nutzt sie in jeder Hinsicht nur aus und sorgt dafür, dass die Beziehung nach seinen Vorstellungen verläuft. Auch Hermine ist zu Ende des Romans Single. Sie ist noch wesentlich jünger als die beiden Protagonistinnen der anderen Romane. Sie hat ihr Leben quasi noch vor sich und so eine größere Chance, es in den Griff zu bekommen. Im Laufe ihrer Entwicklung zur Erwachsenen hat sie einige Beziehungen, darunter zwei zu Frauen. Doch in jeder Beziehung wird sie immer wieder enttäuscht, da sie nicht nach ihren Vorstellungen verläuft.

Das Thema Verhütung wird explizit nur in „Verführungen" thematisiert. Helene vergisst öfters auf die Verhütung und hat dann jedes Mal große Angst, schwanger zu sein, abgesehen davon kommt die Furcht vor Aids hinzu. Die Panik vor Aids kann sie beiseite schieben, denn Henryk hat einen Aidstest machen lassen und ihr diesen gezeigt. Im Unterbewusstsein hat sie dennoch Angst, da sie nicht sicher ist, dass Henryk nur mit ihr schläft, sich dies selbst aber nicht eingestehen möchte. Um sich keine Sorgen um die Verhütung mehr machen zu müssen, lässt sie sich schließlich eine Spirale einsetzen. Dadurch ist sie zwar vor einer ungewollten Schwangerschaft geschützt, doch nicht vor Aids. In „Blutsbrüderinnen" wird das Thema Verhütung nur an einer Stelle direkt erwähnt. Hermine schläft mit einem Mann am Strand, den sie eben erst kennen gelernt hat. Sie hat gerade ihre Periode und so meint der Junge, dass sie sich wenigstens über die Verhütung keine Gedanken machen müssen. Angst vor Aids findet keinen Eingang in Nebenführs Werk. Jelinek beschäftigt sich in „Lust" nicht mit Verhütung, dafür ist Aids ein zentrales Thema. Unter anderem ist die Furcht Hermanns vor Aids Schuld an Gertis Leid. Früher hat er seine Sexspiele in Bordellen ausgelebt, doch im jetzigen Aidszeitalter ist es sicherer, sich das, was man möchte, daheim bei seiner Frau zu holen.

Die Männerdarstellungen in den drei Werken haben zumindest eines gemeinsam, der Mann wird in keinem als sonderlich treu oder monogam dargestellt. Doch auch die Frauen versuchen, den bestehenden Beziehungen bzw. der Ehe, zu entfliehen.

In „Verführungen" wird Helene von ihrem Ehemann mit seiner Sekretärin betrogen. Diese ist um einiges jünger als Helene, was unter anderem als Grund für die Untreue dargestellt wird. Doch auch Helene ist Gregor nicht treu, noch während ihres Zusammenlebens betrügt sie ihn mit Alex. Doch der Unterschied ist, dass sie ihren Mann nicht verlassen würde, da sie die Sicherheit und die finanzielle Unbeschwertheit, die ihr der Gatte bietet, nicht für ihr Verhältnis aufgeben möchte. Außerdem hat sie die Verantwortung für die Kinder zu tragen, der Gregor sich mit seinem Auszug vollständig entzieht. Hernyk lebt in Italien noch gemeinsam mit seiner Ex-Frau in einer Wohnung. Ob er noch mit ihr schläft oder ein sexuelles Verhältnis mit anderen Frauen, außer mit Helene führt, bleibt dahingestellt. Gegen Ende des Romans erwähnt Püppi einen Musiker und Maler, der ihr eine neue Chance, ihr Leben zu leben, gibt. Helene ist sich unsicher, ob hier nicht Henryk gemeint ist. Sie wird in „Verführungen" nicht nur von Männern betrogen, sondern auch von ihrer Freundin Püppi. Diese hat ein Verhältnis mit Gregor begonnen, woran die Freundschaft der beiden Frauen zerbricht. Der doppelte Betrug schmerzt die junge Frau sehr, vor allem auch deshalb, weil sie sieht, wie Gregor sich fürsorglich um Püppis Tochter kümmert. In „Lust" wird die Untreue des Mannes auf andere Weise ausgelebt. Um seine sexuellen Wünsche zu befriedigen, geht Hermann ins Bordell. Aus Angst vor Aids lässt er dies dann bleiben und widmet sich voll und ganz seiner Frau. Gertis Betrug am Gatten ist ein Schrei nach Liebe und Zuwendung. Sie vermutet in Michael einen Mann, der sie liebt und schätzt, doch auch vom Liebhaber wird sie nur benutzt. Der Ausbruchversuch aus den Zwängen und Vergewaltigungen der Ehe scheitert, als Hermann sie vor Michaels Skihütte abholt und vor seinen Augen vergewaltigt. In „Blutsbrüderinnen" wird Untreue durch das lesbische Verhältnis von Hermine und Elvira etwas komplexer dargestellt. Die beiden Mädchen schlafen während ihres Verhältnisses mit zahlreichen Männern, doch wird Sex mit dem anderen Geschlecht nicht als Untreue gewertet, da dieser einen untergeordneten Rang hat. Nach der Schulzeit lernt Hermine Petra kennen, die eine unglaubliche Anziehungskraft auf sie ausübt. Die beiden schlafen miteinander, doch Petra hat kein Interesse an einer innigeren Beziehung. Sie verführt den Regisseur des Theaterstücks, an dem beide Mädchen mitgewirkt haben, worunter Hermine sehr leidet. Martin, in den Hermine verliebt ist und für den sie sogar dessen Freund mit der Hand befriedigt, nutzt Hermine nur aus. Er schläft mit ihr, meldet sich danach nicht mehr und flirtet auf der nächsten Party wieder ungeniert mit seiner Ex-Freundin. Für ihn war der Sex mit Hermine nur ein Abenteuer. Mit einem Kellner, der große Anziehungskraft hat, ergeht es Hermine nicht besser. Er schläft zwar mit ihr, sagt ihr dann aber, dass er eine Freundin hat und somit nicht an einer Beziehung interessiert ist. Elvira und Hermine nehmen es mit der Treue auch nicht sehr ernst. Während der gemeinsamen Maturareise schlafen sie mit einigen Typen, obwohl sie zu Hause beide mehr oder weniger einen festen Freund haben und das lesbische Verhältnis miteinander schließlich auch noch existiert. Elvira findet zu Ende des Romans ihr Glück. Sie ist schwanger und führt eine feste Beziehung mit dem Vater des Kindes. Hermine hat ihre Bestimmung und ihren Lebenspartner zu Ende des Romans noch nicht gefunden.

Die Figuren der drei Werke durchlaufen eine unterschiedliche Entwicklung. Am stärksten ist diese Entwicklung in „Blutsbrüderinnen" zu sehen, da der Roman die größte Zeitspanne umfasst. Hermine wird durch ihre gesamte Jugendzeit bis hin ins Erwachsenenalter begleitet. Die Entwicklung vom Mädchen zur Frau mit all ihren Höhen und Tiefen wird aufgezeichnet. Die ersten Affären, der erste Geschlechtsverkehr und lesbische Erfahrungen mit Elvira, der besten Freundin,   werden geschildert. Zu Beginn des Romans beschränken sich Hermines Probleme auf die typischen Kindheitsprobleme. Sie darf in der Schule nicht mehr neben ihrer Freundin Elvira sitzen, da die beiden Mädchen zu viel schwätzen. Gleichzeitig haben die beiden Mädchen kaum Gelegenheit, sich nach der Schule oder an den Wochenenden zu treffen. Als ihr erstes sexuell angehauchtes Erlebnis würde ich die Nacht im Urlaub, die sie bei Freunden der Eltern verbringt, bezeichnen. Die Kinder schlafen am Dachboden und die Tochter der Gastgeber möchte von Hermine nackt ans Gitterbett gefesselt werden. Pumuckl erzählt, dass sie sich manchmal vorstellt, von ihren Eltern an dieses Bett gefesselt und mit Gabeln gestochen zu werden. Hermine findet die Vorstellung das Kind zu fesseln zwar aufregend, doch überwiegt ihre Vernunft. Am nächsten Tag erzählt sie ihren Eltern von dem Erlebnis und bittet sie nach Hause zu fahren. Ihren ersten Geschlechtsverkehr erlebt sie in einem späteren Urlaub. Mit der Entwicklung ihres Geschlechtstriebs durchforscht Hermine die Nachtkästchen der Eltern. Sie findet einige Playboyhefte und einen „Emmanuelle"-Roman. Die verbotene Lektüre weckt ihre Erregung. Hermine teilt all ihre sexuellen Erlebnisse, ebenso wie die Lektüre der „Emmanuelle", mit Elvira. Im Zuge ihrer Entwicklung organisiert Hermine eine Sex-Orgie, die allerdings nicht ganz nach ihren Vorstellungen verläuft. Die lesbische Beziehung, die Hermine und Elvira miteinander haben, würde ich nicht als Homosexualität bezeichnen, sondern der Entwicklung der beiden zurechnen. Ich denke, die beiden Mädchen wollen nichts unversucht lassen. Als Freundinnen fühlen sie sich zueinander hingezogen und vertiefen ihre Freundschaft durch ein intimes Verhältnis. Hermine steht später noch auf ein anderes Mädchen namens Petra. Sie ist sich in ihrer Entwicklung unsicherer als dies bei Elvira der Fall ist, sie fühlt sich von Frauen angezogen, gleichermaßen aber auch von Männern. Hermine ist nicht lesbisch, vielleicht ist sie nicht einmal bisexuell. Elviras Entwicklung ist zu Ende des Romans abgeschlossen. Sie hat sich von ihrer Mutter gelöst, lebt mit ihrem Freund zusammen in einer Wohnung und bekommt ein Baby. Hermine hingegen steckt noch mitten in ihrer Ausbildung. Sie wurde vom Reinhardt-Seminar abgelehnt und zieht es in Erwägung, sich ein Jahr später nochmals zu bewerben. Sie hat zu Ende des Romans keine Beziehung, weder zu einem Mann noch zu einer Frau. Die Richtung, in die sie ihr Leben lenken möchte, steht ihr noch offen. Sie kann ihre Ausbildung zu Ende machen und ihre Jugend und Sexualität weiterhin ausleben. Sie ist jung und frei. Elviras Leben ist durch den Entschluss, das Kind zu bekommen, jedoch bereits begrenzt. Sie hat eine Verantwortung auf sich genommen, die sie nicht mehr abwälzen kann. Das Leben der beiden Mädchen, dessen Entwicklung durch die Jugend hin doch sehr ähnlich verlaufen ist, wird nun auf verschiedenen Wegen weiterführen. Die Entwicklung von Gerti in „Lust" ist nicht so offensichtlich, wie die der Protagonistinnen in „Blutsbrüderinnen". Dies liegt vielleicht auch daran, dass sich Jelineks Text im Gegensatz zu Nebenführs Roman nur über eine sehr kurze Zeitspanne erstreckt. „Blutsbrüderinnen" zeigt Hermines Entwicklung von Kindheit an bis ins Erwachsenenalter auf, Gerti ist hingegen bereits eine erwachsene Frau. Hermann betrachtet Gerti als sein Eigentum. Sie ist das Objekt schlechthin, dem jegliche Eigenständigkeit abgesprochen wird. Sie scheint einzig und allein zur Befriedigung Hermanns zu existieren und darf nebenbei seinen Sohn groß ziehen. Gerti wehrt sich kaum gegen die Übergriffe des Mannes, sie lässt sie sprachlos über sich ergehen. Als Gerti den Studenten Michael kennen lernt, erwacht sie kurzfristig aus ihrer Lethargie. Sie versucht zum Subjekt der Begierde Michaels zu werden, scheitert jedoch daran. Damit zeigt uns Jelinek, dass es für eine Frau einfach nicht vorhergesehen ist, Subjekt zu werden. Sie ist Objekt und muss in ihrem Objektstatus verharren. Gerti fühlt sich von Michael geliebt und versucht wieder mehr Wert auf ihr Äußeres zu legen. Michaels Interesse an der Frau ist aber rein sexueller Natur, er denkt nicht einmal daran, eine richtige Beziehung mit ihr einzugehen. Allein deshalb, weil Gerti um einiges älter ist als er. Der Ausbruchversuch der Frau endet damit, dass der Ehemann sie vor dem

Appartement des Liebhabers abholt. Dieser beobachtet aus dem Fenster, wie Hermann seine Ehefrau missbraucht, um damit ein für alle Mal klar zu stellen, dass sie ihm gehört. Wieder zu Hause, geht der Alltag ebenso trist weiter wie zuvor. Gerti kann niemals sicher vor den Übergriffen des Mannes sein. Um Hermann endgültig zu entfliehen, tötet Gerti zu Ende des Romans den gemeinsamen Sohn. Kinder nehmen eine wichtige Stellung im Leben von Frauen ein. Doch auch für Väter ist der Nachwuchs von großer Bedeutung:

> Er dient zur Fortpflanzung bzw. Verewigung der Väter, eines der Hauptziele der Ehe respektive Familie. [...] Im Kind sieht Hermann seine Inkarnation und sein Besitztum zugleich. Diese Funktion des Kindes findet vor allem Unterstützung der Gesellschaft und des Staates. Dazu werden Frauen im ökonomischen Sinne verpflichtet, gleichzeitig als eine billige Gebärmaschine und unbezahlte Pflegemutter zu fungieren.[213]

Der Sohn soll in Lust nach Vorbild des Vaters erzogen werden, um im späteren Leben einmal dessen Stelle einnehmen zu können. Zu Beginn der Erzählung klammert sich Gerti noch mit aller Macht an das Kind, doch verliert sich die Beziehung zum Sohn mit Gertis Entwicklung immer mehr. So wie Hermann die Leute im Dorf tyrannisiert, nutzt der Sohn die Stellung des Vaters aus, um die anderen Kinder unter seine Herrschaft zu bringen. Auch im Umgang mit den Eltern ist er stets nur auf seinen eigenen Vorteil bedacht. Um seine eigenen kapitalistischen Bedürfnisse zu befriedigen, ist ihm jedes Mittel recht. Gerti hat Angst vor der weiteren Entwicklung des Sohnes. Sie fürchtet, dass er eines Tages, da er dem Vorbild des Vaters folgt, ihr Geschlecht und somit auch sie selbst verachten wird.[214] Gerti könnte es nicht ertragen, dass sie, ebenso wie Ehefrau oder Freundin, vom Sohn später so behandelt wird, wie Hermann dies heute tut. Sie hat sich für den Sohn aufgeopfert. Als Dank für die Aufopferung möchte sie einmal nicht Herablassung und Spott über sich ergehen lassen müssen, da sie eine Frau ist. Durch den Mord am Sohn möchte Gerti frei sein.

Dem Kontext nach bezweckt die Protagonistin damit, den Männerwahn, sich durch das Kind zu verewigen, endlich zu zertrümmern. Mit dem Tod seines Geschöpfs soll er seinen eigenen Untergang erahnen. Er soll endlich einsehen, dass er und seine männliche Herrschaft genauso vergänglich sind wie die Menschen und Tiere, die er fortwährend herabwürdigt und mit Gewalt bändigt. Würde der Männerwahn der Selbstverewigung wirklich zunichte werden,

---

[213] Chien, Chieh: Gewaltproblematik bei Elfriede Jelinek. Erläutert anhand des Romans Lust. Berlin: Wiku-Verlag 2005, S. 158-159.
[214] Chien, Chieh: Gewaltproblematik bei Elfriede Jelinek. Erläutert anhand des Romans Lust. Berlin: Wiku-Verlag 2005, S. 159.

wäre ihm die Macht über die Geschichte und die Frauen von alleine entzogen. Zur Loslösung von der patriarchalischen Herrschaft sieht die Protagonistin keinen anderen Ausweg mehr, als dem Männerwahn einen Gewaltakt entgegenzustellen. Ihre mütterliche Gewalt, die sie anscheinend bewusst missbraucht, wird angewandt, einen Widerstand gegen die patriarchalische Macht und Gewalt zu leisten. Infolgedessen kann man sie eine Verzweiflungsdelinquentin nennen, deren Motivation und Vorhaben sozipolitisch und kulturell bedingt sind.[215]

Gerti ermordet das Kind, um sich damit am Ehemann zu rächen. Ihr eigentlicher Hass gilt nicht dem Kind, sondern dem Gatten. Dies macht die Frage, ob Gerti sich am Ende nun befreien konnte oder nicht, sehr schwierig zu beantworten. Einerseits hofft sie, sich durch das Töten des Nachfolgers von Hermann befreien zu können. Gertis Entwicklung kann somit von der hörigen Ehefrau zur offen rebellierenden Frau gesehen werden. Am Ende hat sie doch noch den Mut gefunden, sich gegen die sexuelle Unterdrückung des Mannes zur Wehr zu setzen. Andererseits ermordet sie den Sohn stellvertretend für den Ehemann und alle anderen Männer. Somit hätte Gerti sich eigentlich nicht vom Ehemann befreit, sondern den Sohn aus reiner Verzweiflung getötet.

In „Verführungen" werden einige Monate aus dem Leben Helenes erzählt. Helene ist von ihrem Ehemann getrennt, dieser lebt mit einer wesentlich jüngeren Sekretärin zusammen und entzieht sich sämtlicher Verantwortung für seine Familie. Ab und zu kommt er am Wochenende seine Töchter besuchen, doch für ihn funktioniert dies ohne Zwang. Helene lebt mit den Mädchen nach wie vor in der gemeinsamen Wohnung, doch Gregor leistet weder Unterhaltszahlungen, noch kommt er sonst irgendwie für den Lebensunterhalt seiner Familie auf. Helene weiß nicht einmal, wo er momentan wohnt oder wie sie ihn privat erreichen kann. Mit ihrem Job kann sie sich und die Kinder im Grunde genommen nicht einmal über Wasser halten. Als Helene schließlich ihre Angst überwindet und die Scheidung einreicht, rastet Gregor aus. Er droht ihr die Kinder wegzunehmen und verspricht ihr, keine Probleme damit zu haben. Dies verunsichert Helene aufs Neue, doch die finanzielle Lage ist so schlecht, dass sie bereits begonnen hat, Schmuck zu verkaufen. Ihr Liebhaber Henryk ist keine große Hilfe, schon gar nicht in finanzieller Sicht. Er nutzt sie nur aus und borgt sich trotz ihrer schlechten finanziellen Lage laufend Geld von ihr. Helene löst sich im Laufe des Romans von allem, was ihr früher einmal etwas bedeutet hat. Ihre Beziehungen zerbrechen. Die Freundschaft zu Püppi geht in die Brüche, da diese ein Verhältnis mit Gregor hat. Püppi versucht zwar nochmals die Freundschaft zu kitten,

---

[215] Vgl.: ebd.: S. 161-162.

doch wird es nicht mehr, wie es einmal war. Schließlich begeht sie Selbstmord, um ihrem Elend und ihrer Alkoholsucht zu entkommen. Auch die Beziehungen zu Männern gehen in die Brüche. Helene hat kein Interesse mehr an einer Beziehung mit Alex, obwohl dieser versucht hat, das Verhältnis wieder zu beleben. Henryk meldet sich nach wie vor nur dann, wenn er möchte. Da er kein Telefon hat, kann Helene ihn nicht erreichen. Zu Ende des Romans erhält sie einen Brief, in dem Henryk ihr mitteilt, dass er bald nach Wien kommt und hier vielleicht eine Anstellung erhält. Eine paar Tage später liegt Helene mit den Kindern im Freibad. Sie denkt darüber nach, wie entwürdigend dieses andauernde Warten auf Henryk doch ist. Schließlich trennt sie sich auch vom ungeliebten Job. Sie ruft ihren Chef eines Tages einfach an und sagt, dass sie kündigt und ab sofort nicht mehr ins Büro kommt. Die Kündigung trägt ebenso wie die eingereichte Scheidung von Gregor zu ihrer Weiterentwicklung bei. Helene geht aufs Arbeitsamt und beschließt zuerst einmal Computerkurse zu besuchen, damit sie leichter vermittelbar ist. Gregor ist vom Vormundschaftsgericht zur Nachzahlung sämtlicher Bezüge verurteilt worden. Helene sollte das Geld nun bald erhalten, was ihre finanzielle Situation beträchtlich verbessern würde. Nun blickt sie der Zukunft nicht mehr so pessimistisch entgegen wie noch vor kurzer Zeit.

Wichtig ist, denke ich, auch die Frage, welche Intentionen die Autorinnen mit ihren Werken verfolgen. Elfriede Jelinek wollte mit „Lust", wie oben bereits erwähnt, einen weiblichen Gegenentwurf zu George Batailles „Geschichte des Auges" schreiben, doch ist sie daran gescheitert, da es ihr unmöglich war, eine weibliche Sprache der Sexualität zu finden.

Ausgangspunkt des Schreibens war Jelineks Erfahrung der kollektiven Verachtung der Frau. So möchte sie ihren Text auch als politischen verstanden wissen, wobei hier der Einwurf gestattet sei, dass Politik nicht nur eine Darstellung bzw. Überzeichnung von Ist-Zuständen sein sollte, sondern auch Lösungsvorschläge anbieten müsste, was uns jedoch die Jelinek-schen Texte prinzipiell verweigern.[216]

Jelinek betrachtet die Dinge mit „fernem Blick", sie betrachtet die Gesellschaft aus einiger Entfernung, um sie genauer beschreiben zu können.

Dieser ferne Blick wird im Text u. a. durch die Entindividualisierung der Personen und ihrer Funktionalisierung als Platzhalter einer geschlechterkämpfenden Klassengesellschaft deutlich.[217]

---

[216] Neissl, Julia: Tabu im Diskurs. Sexualität in der Literatur österreichischer Autorinnen. Innsbruck; Wien; München: Studienverlag: 2001, S. 203.
[217] Ebd.: S. 203.

Jelinek zeigt in ihrem Text die patriarchalen Strukturen der Gesellschaft auf. Die Rollenverteilungen in „Lust" sind traditionell. Der Mann ist allmächtig, er geht arbeiten und bringt somit das Geld nach Hause, er erhält Frau und Kind und hat deswegen das Recht, die Frau zu besitzen.

Christa Nebenführs Roman „Blutsbrüderinnen" gleicht meiner Meinung nach einem Entwicklungsroman. Die Entwicklung der Hauptfigur Hermine wird von Kindheit an bis ins Erwachsenenalter geschildert. Von großer Wichtigkeit ist unter anderem auch die Entdeckung und Entwicklung der eigenen Sexualität. Die ersten sexuellen Erfahrungen werden geschildert, ebenso wie die Lektüre der „Emmanuelle" - Romane. Die Autorin möchte mit dem Roman, denke ich, für die Entwicklung der eigenen sexuellen Identität der Jugendlichen sensibilisieren. Mit den Figuren des Romans kann man sich sehr gut identifizieren. Ihre Ängste und Sorgen werden thematisiert. Ebenso wird dargestellt, wie die Figuren an Selbstzweifeln leiden und erst lernen müssen, sich selbst anzunehmen und das eigene Selbst zu akzeptieren. Die Dinge werden so dargestellt, wie sie auch im Leben realer Jugendlicher passieren. Auch das Thema Homosexualität wird thematisiert. Ich denke, dass dies von großer Bedeutung ist, da gleichgeschlechtliche Liebe in diesem Werk nicht als etwas Anormales dargestellt wird, sondern der Heterosexualität Gleichwertiges. Dies macht die Leser/innen vielleicht offener für Homosexualität und bringt sie dazu, etwas sensibler im Umgang mit diesem Thema zu sein und Homosexualität nicht abzuwerten oder sogar zu verachten. Hauptsächlich kann dieser Roman Heranwachsenden helfen, die eigene Identität zu finden so wie zu akzeptieren und Erwachsenen die Phase des Heranreifens nochmals in Erinnerung bringen.

Streeruwitz zeigt in ihrem Roman unter anderem die Probleme einer allein erziehenden Mutter und ihren Wunsch nach Liebe und einer erfüllten Sexualität auf. Im Gegensatz zu Jelinek ist Streeruwitz, ebenso wie Nebenführ, in der Lage „Ich" zu sagen und zu schreiben. Jelinek betont mehrmals, dass sie für alle Frauen spricht und schreibt, da Frauen nicht in der Lage sind, sich als eigenständiges Individuum zu betrachten, sondern nur als Zugehörige einer unterdrückten Klasse. „Verführungen" beschreibt das triste Dasein einer allein erziehenden Mutter aus der Sicht der Frauen, doch bleibt trotz allem die Hoffnung auf Verbesserung des Daseins bestehen.

Interessant ist, an Hand der Werke die Einstellung der Autorinnen zu den feministischen Theorien über die Pornographie, herauszukristallisieren.

Jelineks Einstellung ist meiner Meinung nach eng an die der Anti-Porno-Feministinnen angeknüpft. Sie vertritt in „Lust" unter anderem auch die These, dass Pornographie eines der wichtigsten Mittel zur Unterdrückung der Frauen ist. Gerti wird von ihrem Ehemann gezwungen, sich pornographische Filme anzuschauen und das Gesehene dann mit ihm nachzustellen. Gertis Unterdrückung und ihre Unterwerfung durch den Ehemann besteht vor allem durch die Sexualität. Sieht man „Lust" als Antipornographie, so passt der Roman mit seinen detaillierten Schilderungen des Sexualaktes, die jegliche Erotik entbehren, sehr gut in das Schema der Anti-Porno-Feministinnen. Jelinek schafft es, ihre Einstellung in Worte zu fassen und durch die Erzählung publik zu machen. Die Erniedrigung der Frau auf allen Ebenen des gesellschaftlichen Lebens ist das Hauptaugenmerk der Erzählung. Sehr gut beschrieben wird „Lust" mit folgenden Worten:

Schließlich geht es in Lust um Pornographie als Bilderfabrik. Eine Unzahl von Gegenbildern wird erzeugt, die jeden erotischen Vorgang zersetzen. ... Bestehen bleibt in Lust nur die Sprache, als Widerstand gegen alles Demütigende, als ein über seine Inhalte erhabener Hymnus.[218]

Pornographie als Mittel der Erniedrigung der Frau findet nicht nur Eingang in „Lust", sondern wird in den meisten Werken Jelineks zumindest unterschwellig vertreten. Christa Nebenführs Einstellung zu Pornographie und Sexualität ist eine ganz andere. Sie begegnet dem Thema mit viel mehr Offenheit als Jelinek und lehnt die Anti-Porno-Feministen/innen und ihren Versuch, Pornographie zu zensieren und aus unserem Leben zu verdammen, entschieden ab. Die Themen Sexualität und Pornographie sind im Roman „Blutsbrüderinnen" ganz anders beleuchtet als in „Lust" und viel positiver dargestellt. Sexualität und der Umgang damit, werden als etwas ganz Natürliches dargestellt. Die Figuren im Roman entdecken ihre Sexualität und experimentieren damit herum. In der Phase der eigenen Identitätsfindung konsumiert Hermine erotische Romane und durchblättert Playboy-Hefte, um die Erfahrungen des Gelesenen anschließend mit ihrer besten Freundin zu teilen. Auch dies wird nicht abwertend geschildert, da es zum menschlichen Leben einfach dazugehört. Ich würde Nebenführs Einstellung zur Pornographie, an Hand ihres Romans „Blutsbrüderinnen", den Pro-Sex-Feministen/innen zuordnen. Diese sprechen sich gegen die Pornographie als Sündenbock der Unterdrückung der Frauen aus. Sie sehen die Unterdrückung der Frau in anderen kulturellen Phänomenen verankert und vertreten

---

[218] Mayer, Verena; Koberg, Roland: Elfriede Jelinek. Ein Porträt. Reinbek bei Hamburg: Rowohlt 2007, S. 172.

die Meinung, dass eine Zensur der Pornographie das Recht auf Redefreiheit unterminieren würde. Die Pro-Sex-Feministen/innen sind der Meinung, dass jeder Frau das Recht bleiben sollte, über ihren Körper selbst zu bestimmen, also auch das Recht, ihren Körper an Männer zu verkaufen oder in Pornofilmen mitzuarbeiten.

Streeruwitz und ihren Roman „Verführungen" einer der feministischen Theorien zuzuordnen, fällt mir wesentlich schwerer. Ich persönlich würde sie und ihr Werk in die Gruppe der liberalen Feministinnen einordnen. Ihre Einstellung zu Sexualität und Pornographie ist weder so positiv wie dies bei Nebenführ der Fall ist, noch ist sie so pessimistisch und zerstörend wie bei Jelinek. Ich denke, in ihrem Werk „Verführungen" zeigt sie uns, dass die Gleichstellung der Geschlechter noch lange nicht in allen Bereichen des Lebens erreicht ist, doch dass dies durch die Reformierung des bestehenden Systems erreicht werden kann. Ihre Einstellung zur Pornographie ist, denke ich, keine positive. Pornographische Materialien werden in ihrem Werk nicht erwähnt, weder als annehmbar noch als abstoßend. Doch trotzdem würde ich zwischen den Zeilen gelesen sagen, dass sie die Pornographie als kulturelles Phänomen akzeptiert, wenn auch nicht unbedingt als positives.

Die von den drei Autorinnen verwendete Sprache unterscheidet sich in mancherlei Hinsicht voneinander ebenso wie die Sprache, die den Protagonisten/innen der Werke gegeben wird. Bei Jelinek sitzen die Frauen in einem Objektstatus fest, aus dem es ihnen unmöglich ist, sich zu befreien.

Das Fehlen des weiblichen Subjekts führt nicht nur zum Verlust der weiblichen Lust bzw. Begierde als Subjekt, sondern auch dazu, dass die Frauen keine Sprache bewusst beherrschen und in der Sprache auch keinen Standpunkt bzw. keine eigene Meinung besitzen.[219]

Da die Sprache von den Männern beherrscht wird und die Frauen keine eigene Sprache besitzen, können sie Dinge nur in der von den Männern vorgegebenen Sprache wiederholen. Gerti, die Hauptprotagonistin der Erzählung „Lust", ist ein Paradebeispiel für das Fehlen einer weiblichen Sprache. Sie ist gekennzeichnet durch die Sprachlosigkeit der Frauen. Gerti hat nichts zu sagen, das Sprechen obliegt ihrem Ehemann, ebenso wie die Sexualität. Der Befreiungsversuch Gertis, mit Hilfe des sexuellen Verhältnisses zu Michael, ist von Anfang an zum Scheitern verurteilt. Die Frau versucht vom Objekt zum Subjekt zu werden, doch stellt sie damit das Patriarchat in Frage. Die Männer würden ihre Stellung verlieren, somit kann der

---

[219] Chien, Chieh: Gewaltproblematik bei Elfriede Jelinek. Erläutert anhand des Romans Lust. Berlin: Wiku-Verlag 2005, S. 128.

Versuch nicht gelingen. Gerti fällt nach dem verzweifelten Versuch wieder zurück in die Rolle des Objekts und bleibt persönlicher Besitz des Ehemannes. In ihrer Verzweiflung tötet sie den gemeinsamen Sohn, um so ihrer Verzweiflung entrinnen zu können. Dies zeigt, dass der Weg aus der Sprachlosigkeit der Frau ein sehr schwieriger ist, der nicht so einfach gemeistert werden kann.

Ebenso wie Jelinek geht Streeruwitz von der Sprachlosigkeit der Frauen aus.

Marlene Streeruwitz befindet sich auf der Suche nach einer spezifischen Sprache der Frauen. In ihren Texten versucht sie, zumindest ihren Protagonistinnen Artikulationsfähigkeit angedeihen zu lassen. Auf dem Weg dahin ist ihr Ziel zunächst die Aufdeckung der männlichen Machtsprache. [...] Dafür will und muss Streeruwitz zunächst die Bedeutung und Macht der Blicke der Männer auf die Frauen und ihre Rolle in der Gesellschaft enthüllen bzw. die unrealisiert gebliebenen Gedanken der 70er Jahre Frauenbewegung in Erinnerung rufen. Sie will den Frauen bewusst machen, wer auf wen blickt. [220]

Die Frauen versinken nicht nur in Sprachlosigkeit, sondern sie erblinden auch im männlichen System, da der Blick der Macht männlich ist.[221] Frauen benötigen einen eigenen Blick auf die Welt, um durch diesen eigenen Blick eine eigene Sprache zu finden, mit der sie das Gesehene beschreiben können.

Nebenführs Ansicht unterscheidet sich ein wenig von der der beiden anderen Autorinnen, obwohl auch sie der Meinung ist, dass Frauen sich an das Verhalten der Männer anpassen müssen, wenn sie Macht haben wollen. Dennoch sind die weiblichen Figuren in ihrem Roman nicht von der Sprachlosigkeit beherrscht, unter der Gerti in „Lust" leidet. Die Protagonistinnen sind sehr wohl dazu in der Lage, die eigenen Wünsche zu artikulieren, auch wenn dies vielleicht in Anlehnung an die Sprache der Männer passiert.

---

[220] Reznicek, Gertraud: Marlene Streeruwitz: Lisa's Liebe und andere Werke. Frauenleben bei Streeruwitz – „Eine Art Taumeln statt Leben."? Versuch einer Text-, Sprach- und „Gattungs"analyse von Streeruwtiz' (Kurz)Prosa. Diplomarbeit. Univ. Wien 1999, S. 23-24.
[221] Vgl.: Reznicek, Gertraud: Marlene Streeruwitz: Lisa's Liebe und andere Werke. Frauenleben bei Streeruwitz – „Eine Art Taumeln statt Leben."? Versuch einer Text-, Sprach- und „Gattungs"analyse von Streeruwitz' (Kurz)Prosa. Diplomarbeit. Univ. Wien 1999, S. 24.

Resümee

Die Pornographie ist heute einer der erfolgreichsten Wirtschaftszweige. Die Summen, die durch den Verkauf pornographischen Materials erreicht werden, sind unvorstellbar. Alleine der Gegensatz in der Produktion von Spielfilmen im Vergleich zu Pornofilmen ist gewaltig: Hollywood produziert jährlich ca. 400 Filme, wobei die Pornobranche es auf immerhin 10.000 bis 11.000 Filme im Jahr bringt.[222] Die Einnahmen, die die Pornographie jedes Jahr durch Filme, Bücher, Sex Toys, … erzielt, belaufen sich auf zwischen 10 und 14 Billionen Dollar, was viel mehr ist, als die beliebtesten Sportarten wie Fußball, Basketball und Baseball, zusammen durch Einnahmen aller Art einbringen.[223] Ich denke, folgende Aussage trifft es sehr gut:

„With figures like these, Rich argues, pornography is no longer a ‚sideshow' but the main event."[224]

Williams sagt im Folgenden, dass die Pornographie ein Teil der amerikanischen Kultur ist und dass auch Kritiker dies einsehen und akzeptieren müssen. Ich würde sagen, dass Pornographie nicht nur ein Teil der amerikanischen Kultur ist. Wir eignen uns immer mehr Gewohnheiten dieses Landes und vor allem Lebensstils an. So würde ich die Pornographie auch als Teil unserer Kultur sehen. Vielleicht mag dies vielen Menschen nicht gefallen, aber ohne diesen Zweig würde ein mittlerweile nicht mehr unwesentlicher Teil unserer Kultur fehlen.

Die Pornographiegegnerinnen sehen in einer Zensur der Pornographie die Lösung für die Unterdrückung der Frauen sowie die Öffnung der Tür zur Gleichberechtigung. Doch vertrete ich hier die Meinung der Pornographiebefürworterinnen, die davon ausgehen, dass eine Zensur der Pornographie einerseits die Rede- und Meinungsfreiheit immens einschränken würde und andererseits auch nicht als Lösungsmittel für die kulturell bedingte Unterdrückung der Frau gesehen werden kann.

Nadine Strossen versucht die Annahme der Pornographiegegner/innen nachzuvollziehen, dass die Zensur von Pornographie Sexismus und damit verbundene Gewalt gegen Frauen reduzieren würde und führt auf diese Annahme drei weitere zurück, die auf der ersten basieren:[225]

---

[222] Vgl.: Williams, Linda (Hg): Porn Studies. Durham, London: Duke University Press 2004, S. 2.
[223] Vgl.: ebd.: S. 2.
[224] Ebd.: S. 2.
[225] Strossen, Nadine: Zur Verteidigung der Pornographie. Für die Freiheit des Wortes, Sex und die Rechte der Frauen. Zürich: Haffmans Verlag 1997, S. 296.

dass der Umgang mit sexistischen und gewalttätigen Darstellungen in Wort und Bild zu sexistischem, gewalttätigem Verhalten führt;

1. dass die erfolgreiche Unterdrückung von Pornographie den Konsum von sexistischer, gewalttätiger Darstellung wirkungsvoll reduziert;
2. dass eine Zensur die Pornographie erfolgreich unterdrücken könnte.

Das Problem liegt darin begraben, dass, selbst wenn man mit Punkt 1 übereinstimmt, Punkt 2 und 3 nicht automatisch ebenfalls zutreffen müssen. Ich bin nicht der Meinung, dass es einer Zensur gelingen würde, Pornographie zu unterdrücken, es würde lediglich darauf hinauslaufen, dass die Produktion in den Untergrund verdrängt wird. Damit wäre den Frauen nicht geholfen, da sie keinen Schutz von Seiten der Öffentlichkeit und des Staates mehr erwarten könnten. Auch der Konsum der Pornographie wäre wahrscheinlich nicht, zumindest nicht wirkungsvoll, eingedämmt. Wird pornographisches Material nicht mehr öffentlich angeboten, beziehen es die Konsumenten eben von dort, wo es produziert wird, nämlich aus dem Untergrund.

Um die Behauptung, dass Pornographie Gewalt und Sexismus gegen Frauen erzeugt und verstärkt, zu relativieren, hat Strossen sich mit Studien zur Vergewaltigungsrate einzelner Länder und deren Einstellung zur Pornographie beschäftigt. Dabei ist sie zu folgendem Schluss gekommen:

Die Abwesenheit von irgendeiner nachweisbaren Korrelation zwischen der Verfügbarkeit von sexuellen Materialien und sexueller Gewalt zeigt sich auch im internationalen Vergleich. Einerseits sind gerade in Ländern, wo der Zugang zu sexuell orientiertem Material fast vollständig verwehrt wird, Gewalt und Diskriminierung gegen Frauen an der Tagesordnung, so zum Beispiel in Saudi Arabien, im Iran und in der Volksrepublik China (wo der Verkauf und Vertrieb von Pornographie heute ein Kapitalverbrechen ist). Andererseits tritt Gewalt gegen Frauen in denjenigen Ländern seltener auf, wo der Zugang zu derlei Materialien kein Problem ist, wie zum Beispiel in Dänemark, Deutschland und Japan.[226]

Ich denke, diese Studie spricht sich in höchstem Maße für Pornographie aus. Außerdem kann ich dies eigentlich gut nachvollziehen. Pornographie bietet Menschen eine Möglichkeit, ihre Phantasien auszuleben, so dass sie dies nicht in der realen Welt tun müssen. Ich finde die Pornographie, mit Ausnahme der Kinderpornographie und anderer Abartigkeiten, nicht schlecht. In gewisser Weise schützt sie Frauen sogar vor den Übergriffen der Männer.

Natürlich kann man nicht abstreiten, dass es Menschen gibt, die durch Pornographie zu Straftaten angeregt werden. Dabei handelt es sich meiner Meinung nach allerdings nur um einige wenige, psychisch kranke oder labile Menschen. Hier verhält es

---

[226] Strossen, Nadine: Zur Verteidigung der Pornographie. Für die Freiheit des Wortes, Sex und die Rechte der Frauen. Zürich: Haffmans Verlag 1997, S. 305.

sich ebenso wie mit Gewaltfilmen. Millionen Menschen sehen sie und einige wenige verlieren die Kontrolle über sich und verüben ein Massaker. Nichtsdestotrotz wird die Pornographie viel mehr angegriffen, als das Genre der Gewaltfilme. Strossen äußert sich hierzu:

Wenn wir Worte oder Bilder verbieten würden, weil sie einige anfällige Individuen zu Verbrechen anstacheln, dann wäre vermutlich die Bibel das erste Werk, das eingestampft werden müsste. Kein anderes Buch wurde häufiger und für grausigere Verbrechen von deren Verursachern verantwortlich gemacht. [...] Sie zitiert außerdem einige der vielen Passagen, die die ‚drastische, sexuell anschauliche Unterwerfung von Frauen' beschreiben, die allein schon rechtfertigen würde, dass die gesamte Bibel unter dem Antipornographie-Gesetz der Prozensur-Feministinnen verboten werden müsste.[227]

Die Autorin hat nun im Folgenden angeführt, wo ihrer Meinung nach die wirklichen Ursachen für die Diskriminierung der Frauen liegen und wie gegen diese vorgegangen werden können:

Die drängenden Aufgaben, die angegangen werden müssen, damit der zweitklassige Status von Frauen in unserer Gesellschaft abgeschafft wird, wovon uns die Prozensur-Feministinnen mit ihren öffentlichkeitswirksameren Programm abzulenken gewusst haben, wurden in einer Informationsbroschüre aufgezeigt, die die American Civil Liberties Union 1992 dem Übergangsteam der Clinton-Regierung vorlegte:
Am Ende des 20. Jahrhunderts sind Frauen in den Vereinigten Staaten in praktisch allen Bereichen des ökonomischen und öffentlichen Lebens immer noch Bürger zweiter Klasse. Um das angestrebte Ziel einer vollständigen Abschaffung aller Barrieren zu verwirklichen, die die volle Gleichberechtigung von Frauen verhindern, muss sich unsere Gesellschaft insgesamt zu diesem Ziel bekennen und dafür arbeiten [...].
Alle Formen der Diskriminierung von Frauen in der Arbeit müssen aufgehoben werden, darunter die umfassende Diskriminierung in der Lohnzahlung und die weitverbreitete Trennung nach Arbeitsbereichen, die ‚innere Mauer', die die Aufstiegschancen verhindert, die Diskriminierung aufgrund von Schwangerschaft und Geburt, die um sich greifende sexuelle Belästigung und alle anderen Formen sexueller Diskriminierung gegen Frauen am Arbeitsplatz.
Alle Formen von Diskriminierung gegen Mädchen und junge Frauen in Schule und Ausbildung müssen auf allen Ebenen ausgemerzt werden. Frauen, besonders arme Frauen, müssen gleichen Zugang zu bezahlbaren Wohnungen haben, zu ausreichender Ernährung, zu Gesundheitsfürsorge, Ausbildung in Schule und Beruf, Kinderbetreuung, Gewährleistung von Unterhaltszahlungen für ihre Kinder und zu anderen, lebensnotwendigen Dienstleistungen.[228]

In den Werken der drei Autorinnen spielt die Sexualität der Frauen eine wichtige Rolle. Die drei Frauen gehen mittels ihrer Figuren sehr unterschiedlich mit dem Thema um. Meine Einstellung zu Sexualität und Pornographie deckt sich überwiegend mit der der Pornographiebefürworterinnen. Christa Nebenführ ist wohl die einzige der

---

[227] Ebd.: S.308.
[228] Strossen, Nadine: Zur Verteidigung der Pornographie. Für die Freiheit des Wortes, Sex und die Rechte der Frauen. Zürich: Haffmans Verlag 1997, S. 319-320.

drei, die eine ähnlich offene und optimistische Einstellung zur Sexualität hat. Jelinek sieht Pornographie und Sexualität, eher wie die Zensurbefürworterinnen, als Mittel zur Unterdrückung der Frauen. Ihre Meinung kommt in „Lust" sehr offen und deutlich hervor. Gerti ist Eigentum des Mannes und steht zu seiner andauernden Verfügung. Streeruwitz' Einstellung liegt meiner Meinung nach irgendwo zwischen der der beiden anderen Autorinnen. Einerseits behandelt sie Sexualität offener als Jelinek dies tut, doch hat sie keine so offene und positive Einstellung wie Nebenführ. Die persönlichen Einstellungen und Probleme mit Sexualität und Pornographie drücken sich meiner Meinung nach in den Werken der drei behandelten Schriftstellerinnen aus.

Literaturverzeichnis

1. Primärliteratur

Jelinek, Elfriede: Lust. Reinbek bei Hamburg: Rowohlt [11]2004.

Nebenführ, Christa: Blutsbrüderinnen. Wien: Milena 2006.

Streeruwitz, Marlene: Verführungen. 3. Folge. Frauenjahre. Frankfurt am Main: Fischer [3]2007.

Reichart, Elisabeth: Fotze. Salzburg: Otto Müller 1993.

Roche, Charlotte: Feuchtgebiete. Köln: Dumont [2] 2008.

2. Sekundärliteratur

Alberoni, Francesco: Erotik. Weibliche Erotik, männliche Erotik – was ist das? München: Piper 1987.

Anz, Thomas: Literatur und Lust. Glück und Unglück beim Lesen. München: dtv 2002.

Beauvoir, Simone: Soll man de Sade verbrennen? Drei Essays zur Moral des Existentialismus. Reinbek bei Hamburg: Rowohlt Taschenbuch Verlag [6] 2007.

Bong, Jörg; Spahr, Roland u. a.: Aber die Erinnerung davon. Materialien zum Werk von Marlene Streeruwitz. Frankfurt am Main: Fischer 2007.

Burgard, Roswitha; Rommelspacher, Birgit: Leideunlust. Der Mythos vom weiblichen Masochismus. Berlin: Orlanda – Frauenverlag 1989.

Chien, Chieh: Gewaltproblematik bei Elfriede Jelinek. Erläutert anhand des Romans Lust. Berlin: Wiku-Verlag 2005.

Cornell, Drucilla: Die Versuchung der Pornographie. Frankfurt am Main: Suhrkamp Verlag 1997. (Edition Suhrkamp 1738)

Dane, Eva; Schmidt, Renate (Hg): Frauen & Männer und Pornographie. Ansichten – Absichten – Einsichten. Frankfurt am Main: Fischer 1990.

Dworkin, Andrea: Pornographie. Männer beherrschen Frauen. Frankfurt am Main: Fischer 1990.

Emonds, Friederike Bettina: Gattung und Geschlecht: Inszenierung des Weiblichen in Dramen deutschsprachiger Theaterschriftstellerinnen. Michigan: UMI 1993.

Englisch, Paul: Geschichte der erotischen Literatur. Stuttgart: Julius Püttmann Verlagsbuchhandlung 1927.

Ertel, Henner: Erotika und Pornographie. Repräsentative Befragung und psychologische Langzeitstudie zu Konsum und Wirkung. München: Psychologie Verlags Union 1990.

Faulstich, Werner: Die Kultur der Pornographie. Kleine Einführung in Geschichte, Medien, Ästhetik, Markt und Bedeutung. Bardowick: Wissenschaftler-Verlag 1994.

Firestone, Shulamith: Frauenbefreiung und sexuelle Revolution. Frankfurt am Main: Fischer 1987.

Gehrke, Claudia (Hg): Frauen & Pornographie. Tübingen: Konkursbuch Verlag Claudia Gehrke 1989.

Glenk, Eva M. F.: Die Funktion der Sprichwörter im Text. Eine linguistische Untersuchung anhand von Texten aus Elfriede Jelineks Werken. Wien: Edition Praesens 2000.

Gödtel, Reiner: Sexualität und Gewalt. Die dunklen Seiten der Lust. Reinbek bei Hamburg: Rowohlt Taschenbuch Verlag GmbH 1994.

Grabbe, Katherina: Geschwisterliebe. Verbotenes Begehren in literarischen Texten der Gegenwart. Bielefeld: Aisthesis Verlag 2005.

Grahame-Smith, Seth: Das große Pornobuch. Ein unzensierter Blick hinter die Kulissen der Sexindustrie. München: Wilhelm Heyne 2007.

Gürtler, Christa (Hg): Gegen den schönen Schein. Texte zu Elfriede Jelinek. Frankfurt/Main: Neue Kritik 1990.

Heberger, Alexandra: Der Mythos Mann in ausgewählten Prosawerken von Elfriede Jelinek. Osnabrück: Der andere Verlag 2002.

Heidemann-Nebelin, Klaudia: Rotkäppchen erlegt den Wolf. Marieluise Fleißer, Christa Reinig und Elfriede Jelinek als satirische Schriftstellerinnen. Bonn: Holos-Verlag 1994. (Holos Reihe Feministische Wissenschaft Band 2)

Hempel, Nele: Marlene Streeruwitz – Eine kritische Einführung in das dramatische Werk unter besonderer Berücksichtigung von Gewalt und Humor. Michigan: UMI 1998.

Hoberg, Rudolf: Sprache – Erotik – Sexualität. Berlin: Erich Schmidt Verlag 2001.

Hunt, Lynn (Hg): Die Erfindung der Pornographie. Obszönität und die Ursprünge der Moderne. Frankfurt am Main: Fischer 1994.

Hyde, Harford Montgomery: Geschichte der Pornographie. Eine wissenschaftliche Studie. Stuttgart: Hans E. Günther Verlag 1965.

Janke, Pia: Literaturnobelpreis Elfriede Jelinek. Wien: Praesens Verlag 2005. (Publikationen des Elfriede Jelinek – Forschungszentrums Band 1)

Jurgensen, Manfred: Beschwörung und Erlösung. Zur literarischen Pornographie. Bern, Frankfurt am Main, New York: Peter Lang 1985.

Kappeler, Susanne: Pornographie. Die Macht der Darstellung. München: Frauenoffensive 1988.

Lawrence, D.H.: Pornographie und Obszönität. In: Lawrence, D.H.: Pornographie und Obszönität und andere Essays über Liebe, Sex und Emazipation. Zürich: Diogenes Verlag 1971, S. 17-48.

Leis, Gerhard: „Lust oder Pornographie" – Eine Untersuchung zu Elfriede Jelineks Roman „Lust". Diplomarbeit. Univ. Wien 1992.

Leis, Gerhard: Ver-kehrte Sexualität und Literatur am Beispiel von Elfriede Jelinek und Josef Winkler. Dissertation. Univ. Wien 1995.

Leiser Gjestvang, Ingrid: Machtworte: Geschlechterverhältnisse und Kommunikation in dramatischen Texten. (Lenz, Hauptmann, Bernstein, Streeruwitz) Michigan: UMI 1999.

Lely, Gilbert: Leben und Werk des Marquis de Sade. Düsseldorf: Patmos Verlag 2001.

MacKinnon, Catherine A.: Nur Worte. Frankfurt am Main: Fischer 1994.

Mayer, Verena; Koberg, Roland: Elfriede Jelinek. Ein Porträt. Reinbek bei Hamburg: Rowohlt 2007.

Meyer, Anja: Elfriede Jelinek in der Geschlechterpresse. Die Klavierspielerin und Lust im printmedialen Diskurs. Hildesheim, Zürich, New York: Olms Weidmann 1994. (Germanistische Texte und Studien Band 44)

Moisl, Margit: Sprache, Genre und Gender in Marlene Streeruwitz' Nachwelt. Ein Reisebericht. Diplomarbeit. Univ. Wien 2002.

Nebenführ, Christa (Hg.): Die Möse. Frauen über ihr Geschlecht. Wien: Promedia 1998.

Nebenführ, Christa: Sexualität als Metapher (unter besonderer Berücksichtigung sado-masochistischer Konzepte). Diplomarbeit. Univ. Wien 1995.

Nebenführ, Christa: Sexualität zwischen Liebe und Gewalt. Eine Ambivalenz und ihre Rationalisierungen. Wien: Milena Verl. 1997. (Frauenforschung Bd. 35)

Neissl, Julia: Tabu im Diskurs. Sexualität in der Literatur österreichischer Autorinnen. Innsbruck; Wien; München: Studienverlag: 2001.

Nin, Anais: Das Delta der Venus. Frankfurt am Main: Fischer [6] 2007.

Nölle-Fischer, Karen (Hg): Mit verschärftem Blick. Feministische Literaturkritik. München: Verlag Frauenoffensive 1987.

Nowak, Eva Maria: Marlene Streeruwitz: Verführungen. Eine Analyse unter Berücksichtigung besonderer Aspekte des Romans. Diplomarbeit. Univ. Wien 1998.

Ochsner, Beate (Hg.): Pornoskpopie. Sex im Bild. Aachen: Medusa-Médias 1999.

Pusnik, Gerhard: Pornographie und Subjektivität. Pornographie, Sexualität und Medien aus subjektwissenschaftlicher Sicht. Dissertation. Univ. Wien 2003.

Reznicek, Gertraud: Marlene Streeruwitz: Lisa's Liebe und andere Werke. Frauenleben bei Streeruwitz – „Eine Art Taumeln statt Leben."? Versuch einer Text-, Sprach- und „Gattungs"analyse von Streeruwitz' (Kurz)Prosa. Diplomarbeit. Univ. Wien 1999.

Rückert, Corinna: Die neue Lust der Frauen. Vom entspannten Umgang mit der Pornographie. Reinbek bei Hamburg: Rowohlt 2004.

Rückert, Corinna: Frauenpornographie. Pornographie von Frauen für Frauen. Eine kulturwissenschaftliche Studie. Frankfurt am Main: Europäischer Verlag der Wissenschaften 2000.

Sima, Dagmar: Mörderinnen als Opfer der Sprachlosigkeit. Mordende Frauen in Romanen von Marianne Fritz, Elfriede Jelinek und Elfriede Czurda. Diplomarbeit. Univ. Wien 1999.

Sontag, Susan: Die pornographische Phantasie. In: Sontag, Susan: Kunst und Antikunst. 24 literarische Analysen. Frankfurt am Main [8] 2006, S. 48-87.

Stobbe, Heinz Günther: Vom Geist der Übertretung und Vernichtung. Der Ursprung der Gewalt im Denken des Marquis de Sade. Regensburg: Verlag Friedrich Pustet 2002.

Streblow, Lothar: Erotik, Sex, Pornographie. München: Kindler Verlag GmbH 1968.

Strossen, Nadine: Zur Verteidigung der Pornographie. Für die Freiheit des Wortes, Sex und die Rechte der Frauen. Zürich: Haffmans Verlag 1997.

Thiel, Jürgen: Wörterbuch der Erotik. Kopenhagen: Literarische Agentur Albrecht Leonhardt 1983.

Vis, Veronika: Darstellung und Manifestation von Weiblichkeit in der Prosa Elfriede Jelineks. Frankfurt am Main: Europäischer Verlag der Wissenschaften 1998. (Europäische Hochschulschriften, Reihe 1, Deutsche Sprache und Literatur Band 1690)

Wieser, Sabine: Pornographie und die Gleichstellung der Frau. Die rechtsphilosophische Debatte. Diplomarbeit. Univ. Wien 2002.

Williams, Linda: Hard Core. Macht, Lust und die Traditionen des pornographischen Films. Basel, Frankfurt am Main: Stroemfeld 1995.

Williams, Linda (Hg): Porn Studies. Durham, London: Duke University Press 2004.

Winkler, Susanne: Frau und Gesellschaft in den Erfolgsromanen Elfriede Jelineks. Diplomarbeit. Univ. Wien 1996.

Žižek, Slvoj: Die Pest der Phantasmen: Die Effizienz des Phantasmatischen in den neuen Medien. Wien: Pasaagen-Verlag: 1997.

Websites:

http://de.wikipedia.org/wiki/Pornographie   18.12.2007, 10:50

http://www.phil-fak.uni-duesseldorf.de/germ5/seminare/2002ss/postmoderne/thesenpapier-pornographie.pdf
18.10.2007 , 10:55

http://www.wendymcerlroy.com/articles/14-fem_sicht.html   1.2.2008, 9:00

http://de.wikipedia.org/wiki/Sex-positive_feminism   1.2.2008, 9:10

http://de.wikipedia.org/wiki/Pornofilm   9.2.2008 16:00

http://de.wikipedia.org/wiki/Charles_Bukowski   9.2.2008 12:20

http://de.wikipedia.org/wiki/Michel_Houllebecq   11.2.2008   17:30

http://de.wikipedia.org/wiki/Geschichte_der_O   14.02.2008 15:30

http://de.wikipedia.org/wiki/snuff-Film   17.03.2008 14:53

http://de.wikipedia.org/wiki/Erotik   26.03.2008 10:39

www.emma.de/das_gesetz_12_1987.html   17.03.2008 12:00

www.emma.de/die_begruendung_12_1987.html   17.03.2008 12:01

Zeitschriftenartikel

Liebrand, Claudia/Schößler, Franziska: Fragmente einer Sprache der Pornografie. Die ‚Klassiker' Memoirs of a Woman of Pleasure (Fanny Hill) und Josefine Mutzenbacher. In: Entfesselung des Imaginären. Zur neuen Debatte um Pornographie. Zeitschrift für Interdisziplinäre Frauenforschung15 (2004), S. 107-129.

Lexika

Meyers großes Taschenlexikon. 24 Bände. Mannheim, Leipzig, Wien, Zürich: Meyers Lexikonredaktion, 4. Aufl. 1992.

Anhang

Interview mit Christa Nebenführ

Dankenswerter Weise hat sich Magistra Christa Nebenführ dazu bereit erklärt, mit mir ein Gespräch über ihren Roman „Blutsbrüderinnen" und ihre eigene Einstellung zu Pornographie und Sexualität zu führen. Das „Interview" fand am 3.3.2008 in Wien statt und war für mich sehr ertragreich. Auszüge aus dem Gespräch möchte ich an dieser Stelle wiedergeben. Da meine Fragen im Gespräch nicht der Reihe nach sondern in einander übergehend beantwortet wurden, möchte ich zuerst die Fragen anführen und erst danach die Antworten der Autorin.

1. Was ist Ihre persönliche Meinung zum Thema Sexualität und Pornographie?
2. Denken Sie Sexualität/Pornographie hat sich in den letzten 100 Jahren (Freud/Schnitzler) maßgeblich verändert?
3. Ist Pornographie männlich? Gibt es Unterschiede bei Männern und Frauen?
4. Sehen Sie pornographische Züge in „Blutsbrüderinnen"?
5. War die Sexualität eine große Intension, das Werk zu schreiben?
6. Spielen autobiographische Elemente eine Rolle in dem Werk?
7. Sehen Sie in ihrem Werk eine moderne Form von Wedekinds „Frühlingserwachen"?

Die PorNO-Kampagne von Alice Schwarzer begann bereits vor dem Erscheinen von „Blutsbrüderinnen". Die Autorin war, wie sie sagt, „empört, dass Schwarzer sich um meine Würde sorgt". Gerade in einer Zensur der Pornographie würde sie ein Angreifen der menschlichen Würde sehen. Anders verhält es sich mit der Würde von Prostituierten und Pornodarstellerinnen, die nicht „freiwillig", sondern aus ökonomischen Gründen in dieser Branche arbeiten. Pornographie zeigt uns genau und deutlich, worum es geht, vor allem benennt sie es auch. Pornographie ist wichtig, vor allem, wenn die sexuelle Identität gesucht wird.

Als Beispiel führt die Autorin Georges-Arthur Goldschmidts Erzählung „Die Befreiung" an. Die Erzählung handelt von einem Jungen, der im Internat unter dem Vorwand der Züchtigung sexuell misshandelt wird. Der jüdische Junge muss mit der „Schuld", im Gegensatz zu viele seiner französischen Kameraden überlebt zu haben, leben. Er empfindet während der „sexuellen Misshandlungen" Lust, was ihn sehr schmerzt. Doch dann hat er Rousseau gelesen, was ihn sehr erleichtert hat. Die Autorin findet es wichtig, dass in der Welt Tabuisiertes mit jemandem geteilt werden kann. Wenn kein Mensch dafür verfügbar ist, kann es ihrer Meinung nach auch erleichternd sein, es mit der Pornographie zu teilen.

Christa Nebenführ spricht sich deutlich gegen ein Verbot der Pornographie aus, doch sagt sie, dass die „Durchpornographisierung aller Lebensbereiche sie immer mehr nerve, je älter sie werde". Als Beispiel bringt sie einen Sexshop, der in der Auslage Dildos, Vibratoren, Analdildos… ausgestellt hat, an dem sie aber jeden Tag mit ihrer zweijährigen Tochter vorbei kam, um diese in den Kindergarten zu bringen. Mit zwei Jahren hat ihre Tochter interessiert in die Auslage geschaut, doch mit drei hat sie dann begonnen, Fragen zu stellen. Sichtbare Pornographie bringt die Eltern von kleinen Kindern in Erklärungsnöte. Die Autorin spricht sich für „eigene Räume in der Gesellschaft für Pornographie" aus. Eine Lösung des Problems wäre für sie, eigene erlaubte „Schmuddelräume" für volljährige Personen zu schaffen, die eigens Raum für Pornographie bieten sollen, ebenso „wie die Kirche es für Gebete tut". Diese Räume sollten allerdings von außen nicht so offensichtlich sein wie Sex-Shops, sondern sich hinter einer „normalen Fassade" verstecken. Pornographie darf keinesfalls verboten werden, sollte aber eben auf bestimmte Bereiche begrenzt sein.

Dass „Blutsbrüderinnen" ein pornographisches Werk ist, würde die Autorin abstreiten. Ihre eigene Scheu und ihre Hemmungen wären dafür zu groß. Die Autorin hat seit längerer Zeit die Idee für ein Hörspiel mit dem Titel „Pudern als Transzendenz", allerdings ist die Idee bis heute noch nicht verwirklicht und es ist unsicher, ob sie überhaupt verwirklicht wird.

Sexualität ist ein zentraler Punkt bei der Ausbildung der eigenen Identität, zugleich ist sie ein wichtiges Ausdrucksmittel für den Menschen.

Sexualität ist im Roman „Blutsbrüderinnen" ein sehr zentrales Thema. Die Beziehung der beiden Mädchen vertieft sich durch den sexuellen Akt. Sexualität ist wichtig für die gesellschaftlichen Verhältnisse im Umgehen miteinander.

Die Autorin bezeichnet die menschliche Sexualität als „alles andere als natürlich". Außerdem lehnt sie die Vorstellung von der angeborenen menschlichen Sexualität ab. Sie bezeichnet die Sexualität als „etwas Wandelndes, das nicht das ganze Leben lang gleich bleibt". Ihrer Meinung nach entwickelt sich die Sexualität über die Sozialisation des Menschen. Den „Wunsch, dass Sexualität angeboren ist" sieht sie darin begründet, dass die „menschliche Gesellschaft sehr stark über Schuld definiert ist". An etwas, das einem zufällt, kann der Mensch nicht Schuld sein, deshalb wird die Sexualität als angeboren bezeichnet, um der Schuld zu entfliehen. Wird Sexualität als etwas Angeborenes bezeichnet, ist der Mensch „jeder Mitverantwortung für den Zufall enthoben". Allerdings sagt die Autorin auch, dass es möglich ist, dass die Sexualität dem Menschen zumindest teilweise zufällt.

Laut Nebenführ gibt es keine Literatur ohne autobiographische Züge. Als Beispiele bringt sie Gustave Flaubert und Annemarie Selinko. Flaubert hat mit seinem in den 1860er Jahren veröffentlichten Roman großes Aufsehen erreicht. Der Roman brachte Flaubert einen Prozess ein, da er gegen die Sitten verstößt. Doch gerade dadurch wurde der Roman so bekannt. Madame Bovary ist die Ehefrau eines Dorfarztes, doch langweilt sie sich in ihrer Ehe und hat nebenbei zwei Affären. Als sie sich immer mehr verschuldet, begeht sie Selbstmord. Ihr Mann ist gebrochen, nachdem er von den Affären seiner Frau erfährt, stirbt auch er. Flaubert hat über diesen Roman gesagt: „Bovary, c'est moi."

Annemarie Selinko hat etwa 100 Jahre später den historischen Roman „Désirée" verfasst. Der Roman beschäftigt sich mit Désirée Clary, die eine Geliebte Napoleons war und später zur schwedischen Königin wurde. Auch Selinko hat gesagt „Désirée, c'est moi."

Die Autorin sagt, dass man beim Schreiben, das etwas höchst Intimes und Persönliches ist, nicht umhin kommt, Eigenes einzubringen. Die eigenen Erfahrungen, in „Blutsbrüderinnen" die eigenen Beziehungserfahrungen, finden Eingang ins Werk.

Als bewusst pornographischen Roman führt Nebenführ „Feuchtgebiete" der 29-jährigen Charlotte Roche an. Hauptfigur des Romans ist die 18-jährige Helen, die durch eine missglückte Rasur des Anus mit einer Analfissur im Krankenhaus liegt. Das Mädchen hat eine Vorliebe für sämtliche Körpersekrete, die sie isst oder an ihrem Körper verschmiert:

„Wenn ich mit jemanden ficke, trage ich doch mit Stolz sein Sperma in allen Körperritzen, an den Schenkeln, am Bauch oder wo der mich sonst noch vollgespritzt hat. Warum immer dieses bescheuerte Waschen danach? Wenn man Schwänze, Sperma oder Smegma ekelhaft findet, kann man's mit dem Sex auch direkt bleiben lassen. Ich mag es gerne, wenn Sperma auf der Haut trocknet, Krusten bildet und abplatzt. Wenn ich mit meiner Hand einen Schwanz wichse, achte ich immer darauf, dass etwas Sperma an meinen Händen bleibt. Das kratze ich mit meinen langen Fingernägeln auf und lasse es darunter hart werden, um es später am Tag als Andenken an meinen guten Fickpartner mit den Zähnen unter den Nägeln rauszuknabbern, im Mund damit rumzuspielen, drauf rumzukauen und es nach langem

Schmecken und Schmelzenlassen runterzuschlucken. Das ist eine Erfindung, auf die ich sehr stolz bin. Mein Sexandenkenkaubonbon."[229]

Der Roman ist sehr drastisch und detailliert geschildert. Nicht nur in den Szenen, die sich mit dem Essen von Körperflüssigkeiten befassen, sondern auch in den Szenen, in denen sich die Hauptfigur selbst befriedigt, zum Beispiel in dem sie sich den Duschkopf in die Scheide einführt und sich selbst mit Wasser vollaufen lässt, um es danach wieder hinauszupressen.

Ich selbst würde dieses Werk ebenfalls als pornographisch bezeichnen, es nimmt sich kein Blatt vor dem Mund und beschreibt die Erfahrungen der Protagonistin sehr direkt.

Früher wurden Bücher wegen Sittenwidrigkeit verboten, jetzt haben aber die Persönlichkeitsrechte des Einzelnen höhere Stellenwerte in der Rechtssprechung. Als Beispiele dafür bringt Nebenführ das „Liebeskonzil" von Oskar Panizza aus dem Jahr 1894 und den autobiografischen Liebesroman „Esra" von Maxim Biller aus dem Jahr 2003. Biller hat seine ehemalige Geliebte und deren Mutter durch Nennen von bestimmten Auszeichnungen und Hinweisen in seinem Roman als reale Personen erkennbar gemacht. Die ehemalige Lebensgefährtin hat ihn verklagt und hat erreicht, dass das Buch nicht weiter vertrieben werden darf, weil Biller sexuelle Details ausgeplaudert hat. Panizzas antikatholisches Werk handelt von der Syphilis, die der Teufel den Menschen als Strafe für die fleischlichen Sünden anhängt. Der Autor wurde mit großer Härte bestraft, er musste ein Jahr in Einzelhaft verbringen und die Prozesskosten selbst tragen. Das Werk blieb lange Zeit verboten, erst 1967 wurde es erstmals aufgeführt. Das „Liebeskonzil" wurde wegen Sittenwidrigkeit und Angriff des christlichen Glaubens verboten, „Esra" hingegen, weil die Persönlichkeitsrechte von Billers ehemaliger Geliebter durch das Ausplaudern intimer Details verletzt wurden.

Zu Wedekinds „Frühlingserwachen" meint die Autorin, dass ihr Werk in den Details viel freier ist, als dies zu Wedekinds Zeiten möglich war.

Nebenführ sagt, dass in der Pornographie Machtverhältnisse widergespiegelt werden. Wir leben seit Anfang an in einer patriarchalen Gesellschaft. Nach Meinung der Autorin müssen sich Frauen, wenn sie ebenfalls Macht haben wollen, an das Verhalten und Auftreten der Männer anpassen. Noch heute kommt es zu einer „Abwertung der gesamten Bereiche, die dem weiblichen Prinzip durch das Patriarchat zu teil

---

[229] Roche, Charlotte: Feuchtgebiete. Köln: Dumont [2] 2008, S. 26.

wurden (Verwandtschaft, körperliche Nähe, Zuwendung, pflegen...)". Deshalb benannte die Autorin ihren Roman auch „Blutsbrüderinnen" und nicht „Blutsschwestern". Hermine und Elvira wollen Macht haben, Macht ist aber von Männern dominiert.

Die Autorin meint, dass es bei Männern und Frauen einen anderen Zugang zur Pornographie gibt. Sie sieht den Anteil der Produzenten und Konsumenten eher männlich, den der Dienstnehmerinnen hingegen eher weiblich.

Sie ist der Meinung, dass sich die Sexualität von Männern und Frauen im Großen und Ganzen doch maßgeblich unterscheidet. Der Druck, ihre Sexualität auszuleben, ist bei Männern in jüngeren Jahren um einiges höher als bei Frauen.

Der Roman „Blutsbrüderinnen" ist in drei Etappen entstanden. Ursprünglich wollte die Autorin eine Kurzgeschichtensammlung herausgeben, doch auf Hinweis einer Verlegerin, dass Kurzgeschichten nicht vermarktbar seien, formt die Autorin ihre Geschichten in einem Roman um. Wiederum auf Hinweis eines Verlegers wird der Roman nochmals überarbeitet, da die Figuren teilweise Brüche aufweisen, da sie ja ursprünglich Protagonisten von Kurzgeschichten waren, diese aber nach einem anderen Prinzip funktionieren als die Darsteller in einem Roman.

In dem Film „River of no Return" aus den 1950er Jahren wird ein Bild von Erotik vermittelt, das die Autorin viele Jahre lang beschäftigt hat. In einer Szene wird Marilyn Monroe von Robert Mitchum trotz ihrer Weigerung auf den Boden geworfen und geküsst. Für das Publikum ist klar, dass die Frau das auch will, aber sich nur weigert, weil sie sich ein wenig ziert. Die Frau ist hier ohne Verantwortung durch den dominierenden Mann. Nebenführ möchte keine Regel dafür aufstellen, wie viel Gewalt noch positiv ist, doch sagt sie, dass, „solange die Gewalt einvernehmlich ist, bezeugt sie ihren Respekt davor".

Abstract

Die Pornographie ist ein sehr komplexes und zum Teil schwierig zu behandelndes Thema, das viele Schwierigkeiten und Probleme aufwirft. Wichtig ist es meiner Meinung nach, die Begriffe Pornographie und Erotik zu trennen. Techniken der Verhüllung und Anspielungen sind in der Erotik von großer Wichtigkeit, die Pornographie hingegen zeigt die Sexualität immer explizit und deutlich. Pornographie existiert seit dem Anbeginn der Menschheit, natürlich ist sie im Laufe der Zeit einem grundlegenden Wandel unterworfen worden. Diesen Wandel aufzuzeigen, finde ich höchst wichtig, die historischen Veränderungen sind meiner Meinung nach wesentlich, um Verständnis für das Genre aufzubringen. Zur Veranschaulichung werden immer wieder relevante Werke und Autoren hervorgehoben. Es gibt verschiedene theoretische Ansätze zur Pornographie, wobei in dieser Arbeit die feministischen Theorien am deutlichsten hervorgehoben werden. Innerhalb des Feminismus ist die Gattung stark umstritten, die eine Gruppierung spricht sich deutlich dagegen aus, sie sieht in ihr das Mittel zur Unterdrückung der Frau schlechthin, die zweite Gruppe akzeptiert sie als kulturelles Phänomen und die dritte schließlich verteidigt sie und versucht ihre Vorteile hervorzuheben. Anschließend folgt ein kurzer Abriss über Pornographie in Literatur und Film, wobei der Schwerpunkt hier auf die Literatur von Autorinnen gesetzt wurde. Wichtig ist es meiner Ansicht nach auch, sich Gedanken darüber zu machen, wieso die Pornographie noch immer ein von Männern dominiertes Genre ist und viel intensiver und häufiger von Männern als von Frauen konsumiert wird. Die drei Primärtexte, „Lust" von Elfriede Jelinek, „Verführungen" von Marlene Streeruwitz und „Blutsbrüderinnen" von Christa Nebenführ, behandeln Pornographie und Sexualität im Frauenleben auf unterschiedliche Arten. Jelinek stellt in ihrem Werk Sexualität als Mittel zur Unterdrückung der Frau dar, ebenso wie dies die Anhängerinnen der Anti- Porno-Feministen/innen tun. Streeruwitz' Einstellung hingegen ist etwas positiver, sie schätzt die Pornographie als Genre zwar meiner Meinung nach nicht, doch akzeptiert sie sie als Bestandteil unserer Kultur. Nebenführ hat die positivste Einstellung zu Pornographie und Sexualität, sie respektiert sie und weiß ihre positiven Seiten zu erkennen. Gemeinsamkeiten und Unterschiede der drei Werke werden hervorgehoben. Abschließend folgt ein kurzer Einblick in den Wirtschaftszweig Pornographie.

Lebenslauf

Persönliche Daten

Name   Angela Frischauf

geboren am   1985-07-04   in Horn

Eltern   Hannes Frischauf
                                Elisabeth Frischauf, geb. Leeb

Staatsangehörigkeit   Österreich

Ausbildungsdaten

Schulausbildung   1991 - 1995   Volksschule in Eggenburg
                   1995 - 2003   Bundesgymnasium in Horn
                   2003   Reifeprüfung in Horn

Studium   2003   Inskription Lehramtstudium UF Deutsch/UF
                                  Geschichte, Sozialkunde und Politische
                                  Bildung

Berufspraxis   08.2001   Ferialhilfsarbeiter Thomas Verderbers Neffen
                   08.2002   Ferialhilfsarbeiter Thomas Verderbers
                                  Neffen
                   08.2003   Ferialhilfsarbeiter Thomas Verderbers Neffen
                   08.2004   Ferialhilfsarbeiter Thomas Verderbers Neffen

                   18.07.-28.08.2005 Verkäuferin/Kassiererin Anton Schlecker
                                      GmbH
                   17.07.-10.09.2006 Verkäuferin/Kassiererin Anton Schlecker
                                      GmbH

                   seit 02.2004   geringfügig Angestellte bei Verlag Roland
                                  Esterbauer GmbH

Weltbild
16. 10. 17   38.—